游艇设备与系统

主编　郑　兰
主审　张海泉

HE·UP 哈尔滨工程大学出版社

内容简介

本书分为游艇设备和系统两编进行论述,在讲述各种设备及系统的功能及原理等内容的同时结合了相关规范。本书介绍了游艇的推进与操纵设备、锚泊设备、系泊设备、救生及灭火设备、关闭设备、航行与信号设备、舱底水系统、压载水系统、日用海淡水系统以及通风与空调系统等内容。

本书既可以作为游艇专业师生教学用的教材,也可作为游艇设计与生产人员参考资料,同时也为从事游艇管理和游艇用户提供必要的专业知识。

图书在版编目(CIP)数据

游艇设备与系统/郑兰主编. —哈尔滨:
哈尔滨工程大学出版社,2014.10(2018.6 重印)
ISBN 978 - 7 - 5661 - 0936 - 1

Ⅰ. 游… Ⅱ. ①郑… Ⅲ. 游艇 - 基本知识
Ⅳ. U674.91

中国版本图书馆 CIP 数据核字(2014)第 258221 号

出版发行	哈尔滨工程大学出版社
社　　址	哈尔滨市南岗区东大直街 124 号
邮政编码	150001
发行电话	0451 - 82519328
传　　真	0451 - 82519699
经　　销	新华书店
印　　刷	哈尔滨市石桥印务有限公司
开　　本	787mm×1 092mm　1/16
印　　张	9.25
字　　数	228 千字
版　　次	2014 年 10 月第 1 版
印　　次	2018 年 6 月第 2 次印刷
定　　价	21.00 元

http://www.hrbeupress.com
E-mail:heupress@ hrbeu. edu. cn

前　言

　　游艇在发达国家就犹如中国的轿车一样普及。随着中国经济的持续发展,游艇行业在中国逐渐兴起,学习游艇专业和从事游艇相关工作的人越来越多。然而,我国目前与游艇相关的资料非常的匮乏,这使得游艇专业的学习者和工作者们缺乏相关的专业教材。本书正是在此背景下编写的。

　　游艇的设备是游艇舾装里面非常重要的内容,游艇设备是游艇的器官,游艇的系统更是游艇的血管与脉络。随着我国造船业对游艇的不断重视,中国船级社先后出台了《游艇建造规范》及《游艇检验技术要求》,其中对游艇的结构、舾装、电气、消防等方面进行了规范。本书在给读者介绍船舶基本知识的基础上添加了游艇的特色内容,同时介绍了游艇相关规范,结合了游艇的发展近况进行编写。

　　本书由郑兰主编,武汉船舶职业技术学院的袁自强老师编写了第二章和第五章,九江职业技术学院的展龙老师编写了第十章。武汉船舶职业技术学院的张海泉老师和彭公武老师为本书提供了宝贵的修改意见,同时,武汉船舶职业技术学院的领导也提供了许多参考资料,以及宝贵的意见,在此对他们表示衷心的感谢!

　　由于编者水平有限以及经验不足,所编教材必有疏漏之处,敬请广大读者批评指正!

编　者

2013 年 12 月

目　　录

第一编　游艇设备

第二编　游艇系统

第一编 游艇设备

第一章 概 述

第一节 游艇的定义及种类

一、游艇定义

游艇是一种水上娱乐用的高档消费品,也是一种最具时尚特征的休闲娱乐载具。它集航海、运动、娱乐、休闲等功能于一体,主要满足个人或家庭进行娱乐和运动的需要。在发达国家,游艇像小轿车一样为私人拥有或租赁使用,而在发展中国家的起始阶段,游艇多作为公园、旅游景点的经营项目供人们消费,少量也作为港监、公安、边防的工作用具。游艇是一种娱乐工具这一本质特征,使它区别于作为运输工具的高速船和旅游客船。游艇将会像汽车一样,成为进入家庭的下一代耐用消费品。游艇产业作为海洋产业的一部分,具有巨大的经济效益,它具有劳动密集、技术密集、知识密集、资金密集的特点。对于中国来说,游艇业起步不久,具有很大的发展空间。游艇不仅是人们旅游观光的工具,也成为国内富豪们休闲娱乐的场所及商务中心。

二、游艇种类

1. 按大小划分

依国际标准游艇的规格是以英尺①计算的,从尺寸大小上分为三种:36 英尺以下为小型游艇、36 ~ 60 英尺为中型游艇、60 英尺以上为大型豪华游艇。有小型艇(6 m 以下)、小型游艇(6 ~ 10.5 m 之间)、中型游艇(10.5 ~ 18 m 之间)、大型游艇(18 m 以上)。大型豪华游艇从尺度上分 35 ~ 40 m、41 ~ 44 m、45 ~ 49 m、50 ~ 54 m 和 55 ~ 60 m 五个等级。

2. 按功能划分

通常是个人、企业、政府和社团购买,分别有休闲艇、商务交际艇、赛艇、钓鱼艇、辑私艇、公安巡逻艇、港监艇等。严格地讲,后三种与游艇的性质相悖,但从建造规模、技术上讲与游艇相同,有人也把它们归入游艇类。

(1)休闲型游艇 此类游艇大多为家庭购买,作为家庭度假所用。一般以 30 英尺到 45

---

① 注:1 米 = 3.28 英尺

英尺左右的游艇为主,设计时也是考虑到家庭使用的方便性,装潢时也以烘托家庭氛围为卖点,市场上游艇的种类也是以此类为主。

(2)商务游艇　这类游艇一般都是大尺寸的游艇,里面装潢豪华,也可以说是豪华游艇,一般被大型企业集团法人、老总们购买,大多被用于商务会议、公司聚会、小型 PARTY。

3. 按用途划分

针对海上与内河,以及附近码头等重要地方进行操作和工作来分类,游艇一般分为消防艇、打捞艇、捕鱼艇、钓鱼艇、作业艇、船员艇、探险艇、带缆艇和搜救艇等。即供水上工作职业人员或政府职能人员工作的游艇。游艇按这些用途分为以下三类:

工业应用艇:一般用于海上工业生产、码头运送物资、各种供应与补给以及提供给大型远洋轮船特殊备用。

水上安全管理艇:对河流、海洋起到保护,以及对临水建筑起到消防、垃圾护理;对河道清理等,让水上交通便利,环境变得更加绿化;对过往船艇进行安检、巡查,为保障人民财产安全。

专门作业艇:为研究、科考、探险、生产以及特殊领域提供帮助,使复杂环境,严峻形势得到很好改善。

专门作业艇结构复杂,工艺精细,功能全面,实用性强,速度在一定情况下要特定,大多数购买者都是政府,科研,航海、企业,考古等。

4. 按品质划分

《2013—2017 年中国游艇深度评估与投资前景评估报告》将游艇分为高档豪华游艇、家庭型豪华游艇、中档普通游艇及廉价游艇。

(1)高档豪华游艇　艇长在 35 m 以上,艇上装备有最现代化的通信和导航等系统,舱室内配有高级材料如柚木、皮革、镀金小五金件、不锈钢扶手、高级地毯、高档家具、现代化的电气设备、古董、字画、特殊的灯光设计等设施,从里到外显示着豪华的气势。这种游艇不仅能供家族成员享乐,而且是艇主从事商务、处理日常工作及社交活动的理想场所,同时也是艇主向贵宾或对手显示其经济实力的王牌。这种豪华游艇的价格在数百万美元不等,有的高达上千万美元。消费者主要是贵族、巨商。

(2)家庭型豪华游艇　尺度一般为 13.5 m 以上,它设计新颖,选材上等,结构与制造工艺精度高,选用名牌设备设施,布置舒适,单价在 30 万美元以上。

(3)中档普通游艇　尺度一般为 9 ~ 13.5 m,单艇售价在 5 ~ 20 万美元,这种游艇质量适中,消费市场广阔。

(4)廉价游艇　尺度在 9 m 以下,单艇售价在 5 万美元以下,这种游艇销售量最大。

5. 按动力类型划分

游艇按动力类型划分为无动力艇、帆艇、机动艇。帆艇又分为无辅助动力帆艇和辅助动力帆艇。机动艇又分为舷外挂机艇、艇内装机艇。艇内装机艇还可分为小汽艇和豪华艇两个档次。

6. 按材质划分

游艇按材质划分为木质艇、玻璃钢艇、凯芙拉纤维增强的复合材料艇、铝质艇和钢质艇。当前,玻璃钢艇占绝大比例,赛艇、帆艇、豪华艇使用凯芙拉增强材料的较多;铝质艇在舷外挂机艇和大型豪华游艇中占一定比例;钢质艇在 35 米以上远洋大型豪华游艇中占比例较多。

7. 按艇上结构划分

游艇按艇上结构分为小型敞开艇、小汽艇、滑水艇、半舱棚游艇、住舱游艇、帆艇和个人用小艇(又称水上摩托)。小型敞开艇具有狭窄甲板,可乘坐1~6人,备有桨和桨叉,或用舷外挂机推进,长度为1.8~5 m。小汽艇也为敞开式,有一个小的前甲板、挡风玻璃、操舵轮,装有4~6人的座椅,用舷外挂机或喷水推进装置为动力,长度为3.7~7.3 m。滑水艇与小汽艇相似,专为滑水运动设计和装备,外形光顺、艏部尖瘦、艇身狭长、干舷低,长度为4.3~8.5 m。半舱棚游艇有一个后部敞开的固定小舱棚,可在船上住宿,舷外挂机或船内机驱动,长度为4.3~8.5 m。住舱游艇具有全封闭住舱,艇型较大,按艇主需要可配置各种档次的设备设施,如厨房、卧具、酒吧、盥洗室,采用船内机为动力,长度在5.5 m以上。帆艇,设计有足够面积的帆装备作为推进用,艇长5.8~38 m。水上摩托这种个人用小艇又分为坐式和站式两种,购买者多为年青人,产销量很大。

8. 按造型分类

游艇的造型依据其功能的不同而有区分,这类工业产品在外形的设计上仍以实用性为前提,而后考量美学及市场的导向来变化出流线形的造型。近几年来,游艇的造型如同其他工业产品一样,逐渐采用较具亲和力的圆弧线条来代替尖锐的折角或直线,当然这与生产技术的提升有很大的关系。

巡航艇(Megayacht):大型、快速之豪华游艇,内部布置豪华,设备完善,适合长距离航行。外形的色彩线条简单。呈现出沉稳且典雅的风格,为100 m以上的大型豪华游艇所采用。

无后舱式游艇(Sedan):无钓鱼设备,具备上、下驾驶台及大型的沙龙间,船尾无住舱,为一开放空间,线条更圆弧化,是近些年来各项工业造型上的一致趋势。

太阳甲板(Sundeck):Sundeck船型最主要的特点,是船尾多了一个住舱以及后甲板的开放空间加盖遮阳板。

敞露甲板型(Open Type):无船楼之游艇,主甲板以上为露天的驾驶区及开放空间。

小快艇(Runabout):即小型快艇。甲板以下无住舱,船速高。

海钓船(Sport Fisherman):有完善的钓鱼设备。此船型的特征在于驾驶室位于上甲板,以及后甲板的高度非常接近水面。这样的造型主要是配合海钓者使用上的需要。

多用途游艇(Convertible):与海钓船类似,但上驾驶台上方的遮阳棚及钓鱼架可拆除,成为一般用的游艇。

高速滑行艇(Hydroplane):即高速赛艇。甲板以上较低的受风面积为Hydroplane在造型上最主要的特征,目的在于减少该艇于高速时受到的风阻。

拖网型(Trawler):主要特征是船首线形较圆滑,船速较慢。

双体游艇(Catamaran):此类游艇有较大的起居室(即沙龙.Saloon),宽阔的上层甲板空间,适合于招待亲朋好友同游,但也由于双船体的先天限制,在下层船体部位要配置较大空间的住舱不大可能。仅能布置数间狭窄舱房,这个是它最大的缺点。由于它的船宽比一般的单体船要大,因此所需停泊的码头要占较多空间,停船位较难得到,停泊费也必定较贵,所以双体游艇在市场上较少见。

第二节　游艇配套设施与设备

游艇的配套设施一般都是根据游艇主人的需求而定制的,中小型游艇更是如此。游艇的配套设施一般都是以游艇的功能来设计。不同种类的游艇功能配不同内部的配套设施,大致有以下几种分类:

中小型游艇一般设置有如下配套设施:下层的室内空间,设有主人房、客房、卫生间;中层设有客厅、驾驶舱和厨房,艉门路甲板平台;上层有露天望台和驾驶台,为了防晒和防雨,一般还设有软篷;在动力和技术方面,配置了发动机、发电机、雷达、专业的仪器仪表、电话通信设备、冷气设备、家用电器,甚至设置卫星导航系统。从整体上看游艇就是一个融现代办公与家庭休闲为一体的海上流动公寓,它拥有完整的功能配置,既可作为家庭休闲场所,又可供朋友聚会或宴请客户时使用,这充分体现了现代人的高品质生活。根据功能不同,里面的设施也略有不同,运动型游艇一般都配有大功率的发动机,内部设施则相对简单,而休闲型的游艇则会更加注重休闲娱乐功能,设有厨房、客房、卡拉 OK 设备、电子游戏房、加长的钓鱼船尾等以满足休闲的需要。大型游艇内部装潢十分高档豪华,更注重在通信设备、会议设备、办公设备上的配套安装,充分体现出现代企业的办公需要。

游艇配套设备包括其作为水上航行的船舶所具有的常规设备,即推进与操纵设备、锚泊与系泊设备、救生与消防设备、通信及导航设备、关闭设备,还配有游艇特有的污水处理设备等。本书第二章介绍游艇的推进与操纵设备,第三章介绍游艇的锚泊,第四章介绍系泊设备,第五章介绍游艇的救生与消防设备,第六章介绍游艇的关闭设备,第七章介绍游艇的航行与信号设备。

第三节　游艇航区划分

在游艇设计以及游艇设备的选配,首先考虑的是游艇的航区,所谓航区是指船艇经海事机构核定允许航行的区域。游艇按照船级社规范设计,并经过海事局法定检验才能取得航行证书。航区涉及游艇所遇风浪的大小,距离避风港的航程或到达避风港的时间,这对于游艇的安全航行有很大的关系。对于不同航区的游艇,必须按照规范采用不同的设计,从而使得游艇能够在水上安全驾驶,有效躲避风浪,以保障生命、财产安全。航区不同,不仅对游艇的强度和稳性要求不同,对于游艇一些舾装设备的配置也有所不同。较高等级航区的游艇可以到低等级航区航行,而低等级航区的游艇不允许到较高级别的航区航行。

我国游艇航区的划分参照了内河航区划分的相关要求。我国长江水域分为 3 个航区,其规定如下:长江 A 级航区是指江阴以下至吴淞口,包括横沙岛以内水域;长江 B 级航区是指宜昌至江阴段水域;长江 C 级航区是指宜昌以上的水域。其他内河、湖泊航区可向当地的海事部门询问。

游艇使用有航区限制,按照使用航区的限制,游艇分为以下 4 类:

A 类:系指航行于距离岸不超过 20 n mile(中国台湾海峡及类似海域距岸不超过 10 n mile)海上航行的游艇。

B 类:系指航行于下列水域的游艇:

(1)沿海海岸与岛屿,岛屿与岛屿围成的遮蔽条件较好、波浪较小的海域。在该海域内岛屿之间、岛屿与海岸之间距离不超过 10 n mile;或在距岸不超过 10 n mile 的水域,并限制在风级不超过 6 级(浦氏风级)且目测波高不超过 2 m 的海况下航行。

(2)内河 A 级航区。

C 类:系指航行于下列水域的游艇:

(1)距岸不超过 5 n mile,并限制在风级不超过 6 级(浦氏风级)且目测波高不超过 1 m 的海况下航行。

(2)内河 B 级航区。

D 类:系指航行于内河 C 级航区的游艇。

这里的 n mile 是航行距离的单位,其中 1n mile =1 852 m。

复习思考题

1.游艇是怎样定义的,其特点有哪些?

2.游艇是怎样进行分类的?

3.什么是航区,游艇的航区是怎样划分的?

第二章 游艇的推进和操纵设备

第一节 游艇的推进设备

一、螺旋桨推进

螺旋桨把发动机传过来的扭矩转化为推进船舶前进的动力,是游艇上用得最多的一种推进装置。螺旋桨在游艇上有不同的布置情况,根据螺旋桨与发动机的布置情况的不同有舷外机、舷内外机、舷内机。

(1)舷外机在中小型游艇中应用最为广泛。它们小巧但马力强劲,而且噪声很小。舷外机集发动机、传动系统、轴和螺旋桨等推进系统于一身,如图2-1所示,一般都是直接安装在艉板上,设计师通常在艉部留好位置装舷外机,和发动机为一体的转环非常轻松就可以转动螺旋桨,从而达到转弯的目的。舷外机尺寸和马力范围都非常大,可以使用不同燃料,包括电力、汽油、柴油和天然气等。舷外机的缺点是耗油率高,使用经济性差,安全性较低;发动机转速高,故障率高,寿命短,不适合恶劣工况;输出功率受到限制,只适用于功率要求较低的艇。

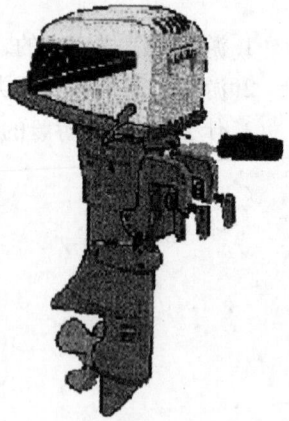

图2-1 舷外机示意图

《游艇建造规范》对舷外挂机提出了一些要求:舷外挂机应用贯穿螺栓或等效设施可靠地固定在艇的艉封板上,同时安装舷外挂机的井应有足够的尺寸,以便舷外挂机能根据运转工况的需要,上下左右摆动。舷外挂机的操纵电缆和燃油软管,如穿过艇体结构应有效密封。总功率小于40 kW 的舷外挂机,其转速和转向,可用单手柄操纵。总功率大于40 kW 及以上的舷外挂机,应在艇首设置手轮操纵台。航速超过20 kn 的游艇如果操舵位置开敞,应在操舵位置附近设安全保护绳,以防止驾驶员跌落于舷外,可利用安全绳关停舷外机。

(2)舷内外机一般比舷外机重,包括安装于船体内部的发动机和安装于艉板的个体。它裸露在外面的个体部分有点类似舷外机的下半部分,如图2-2所示。它能左右旋转起到转弯的目的,还可以调整船舶的纵倾。舷内外机只能用柴油或汽油为动力,由于发动机和小汽车发动机很相似,所以它能提供比舷外机更大的动力,在较大游艇上比舷内机更受欢迎。

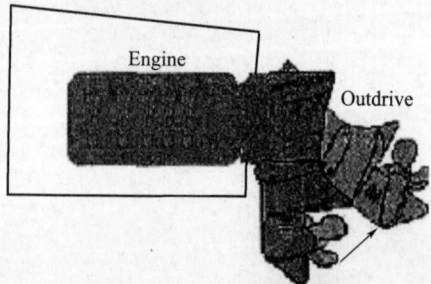

图2-2 舷内外机示意图

　　(3)舷内机在船长超过 26 英尺的游艇上最受欢迎。该型发动机和舷内外机有点相似,安装在船体内部靠近中部的地方,起到分配重力的作用,如图 2 - 3 所示。发动机连接一个传动轴穿过船体,该轴带动螺旋桨,推动游艇前进。在轴穿过船体处有密封装置防止轴旋转过程中水流入船体。由于螺旋桨轴是固定的,不能转弯,所以必须在后面装一个舵来控制船体方向。

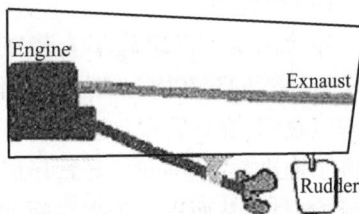

图 2 - 3　舷内机示意图

　　根据螺旋桨不同的特性可将其分为定距螺旋桨、可调距螺旋桨、导管螺旋桨、对转螺旋桨、表面螺旋桨等不同类型。

　　(1)定距螺旋桨

　　固定螺旋桨简称为定距桨,由于其构造简单,是中小型游艇上用得最普遍的推进器。

　　(2)可调距螺旋桨

　　由于定距螺旋桨螺距不能变化,因此很难做到船舶的航速、发动机功率正确地匹配。同时随着游艇速度的变化,要求主机和螺旋桨可以在工作的最佳状态,在节约能源的同时,还可以提高机器的寿命,从而使得可调距螺旋桨的优势得以体现。可调距螺旋桨的优点为:可根据航速的变化调节螺距,使船、机、桨得到合理的匹配,提高推进效率,节约能源;倒车时无须主机或齿轮减速器反转,工作平稳,倒车反应灵敏。其缺点为:结构复杂,拥挤在空间狭小的桨毂内,见图 2 - 4,制造复杂,造价高,维修不便,阻力增加。因此,可调距螺旋桨一般用在大型、高档游艇上。

　　(3)对转桨

　　在同一个转轴上安装有前后两个转向相反的螺旋桨称为对转桨,见图 2 - 5。其工作时,桨叶搅动水流,在产生推力的同时,使桨后的水流加速并产生旋转。桨后水流旋转带走了一部分能量,使推进效率下降。如果采用对转螺旋桨,正好可以克服这个缺点。采用对转螺旋桨时,前面螺旋桨产生的旋转水流正好被后面的桨所利用,吸收了一部分旋转能,提高了推进效率。同时,后面螺旋桨产生的旋转水流正好抵消前桨的旋转水流,起到了整流的作用,可以带给游艇更好的操控性能,还可以消除螺旋桨旋转产生的侧滚力。其缺点就是增加了轴系传动系统的复杂性。

图 2 - 4　可调距螺旋桨示意图

图 2 - 5　对转螺旋桨示意图

（4）导管桨

导管桨就是将螺旋桨安装在导管中,见图2-6所示。导管的存在引起流场的变化,使得螺旋桨前方的来流收缩,在导管中加速,提高了水流的速度,从而提高了推进效率。同时,导管还能减少螺旋桨的叶梢涡流的损耗,从而进一步提高螺旋桨的效率。在艇尾安装导流管,还可以使得船体伴流更加均匀,对减振降噪有利。

导管固定在船体上的,称为固定导管桨;导管悬挂在船尾或船体下面,可以转动的,称为转动导管桨。转动导管桨具有舵桨合一的组合功能,大大提高了船舶的操纵性能。

导管桨适用于中低速游艇。转动导管桨适用于机动性要求高的船舶,但不适用于高速游艇,因为对于高速船来说,导管大大增加了附体阻力。

（5）超空泡桨

图2-6　导管螺旋桨示意图

游艇高速航行时必然会产生空泡现象。所谓空泡,就是在桨叶背面,液体的压力低于饱和水蒸气压力时水流发生汽化,同时水中的气体往该处聚集而形成的气泡。空泡的产生,会对螺旋桨带来一些不利的影响,或者使航速降低,或者使桨叶损坏,还会增加船体的振动和噪声。

所以,一般情况下,应该避免空泡。但是,人们发现,当螺旋桨的转速增加到一定大小时,桨叶背面全部笼罩在空泡中,甚至出现于大气联通的通风现象,此时桨的推力不再下降,反而随着来流的速度的增加而增加,这种现象称为超空泡现象。超空泡桨就是利用这个原理设计的。

超空泡桨一般有4~6个叶片,叶片轮廓像一把刀,其导边呈弯曲的圆弧形,随边呈辐射状直线形,如图2-7。其翼面特征为导边尖削,随边为较厚的钝边。这种原理设计的螺旋桨,其叶片的压力面复合比常规非空泡螺旋桨高得多,因此叶片的抗弯强度也要求较高。超空泡螺旋桨只适用于高速船,低速航行时效率很低。

图2-7　超空泡螺旋桨示意图

二、喷水推进

除了螺旋桨以外,游艇也采用喷水推进。喷水推进装置是一种新型的特种动力装置,与常见的螺旋桨推进方式不同,喷水推进的推力是通过推进水泵喷出的水流的反作用力来获得的,并通过操纵舵及倒舵设备分配和改变喷流的方向来实现船舶的操纵。喷水推进装置的好处是没有螺旋桨,所以不会危及水下人员和海洋生物的安全。它们通过发动机提供动力,用水泵通过叶轮把水吸进隧道,然后通过高压把水高速往外喷出,推动游艇前进,通过喷嘴的旋转起到转弯的作用,如图2-8所示。大部分摩托艇采用的就是喷水推进装置。

典型的喷水推进装置主要由原动机及传动装置、推进水泵、管道系统、舵及倒舵组合操纵设备等组成。

原动机及传动装置:喷水推进装置最常见的原动机及传动装置配置有燃气轮机与减速齿轮箱驱动、柴油机与减速齿轮箱驱动、燃气轮机或柴油机直接驱动等形式。在采用全电力综合推进的舰船上则一般采用电动机直接驱动推进水泵的形式。

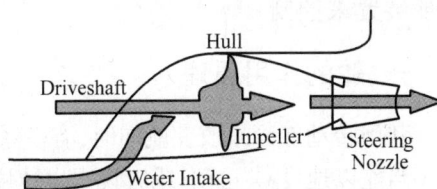

图 2-8　喷水推进示意图

推进水泵:推进水泵是喷水推进装置的核心部件。从推进水泵净功率和效率的要求、舰船布置的需要,以及传动机构的合理、方便等方面出发,通常选用叶片泵中的轴流泵和导叶式混流泵,特殊情况下也可以采用离心泵。目前,世界著名的推进水泵生产厂家主要有瑞典的 Kamewa 公司、新西兰的 Hamilton 公司、荷兰的 Lips Jet、日本的川崎公司和三菱重工公司、双环公司等。

管道系统:主要包括进水口、进水格栅、扩散管、推进水泵进流弯管和喷口等。管道系统的优劣在很大程度上决定了喷水推进系统效率的高低。

舵及倒舵组合操纵设备:采用喷水推进的船舶不能靠主机、推进水泵的逆转来实现倒航,一般是通过设法使喷射水流反折来实现。由于经喷口喷出的水流相对舵有较大的流速,所以一般采用使喷射水流偏转的方法来实现船舶的转向。常见的舵及倒舵综合操纵设备有外部导流倒放斗、外部转管放罩等。

喷水推进的优点:(1)喷水推进装置在加速和制动性能方面具有和变距螺旋桨相同的性能,喷水推进船舶具有卓越的高速机动性,在回转时喷水推进装置产生的侧向力可使回转半径减小;(2)喷水推进船舶舱内噪声和振动较小,比具有螺旋桨的船舶低;(3)吃水浅、浅水效应小、传动机构简单、附件阻力小、保护性能好;(4)日常保养及维护较容易。

喷水推进的缺点:(1)舰船航速低于20 kn时,喷水推进的效率比螺旋桨要低一些;(2)由于增加了管路中水的质量(通常占全船排水量的5%左右),使得舰船损失排水量;(3)在水草或杂物较多的水域,进口容易出现堵塞现象而影响舰船的航速;(4)更换推进水泵的叶轮较为复杂。

第二节　舵的作用原理及舵设备的组成

舵是操纵游艇的主要设备,除喷水船等特种船舶外,一般都设有舵装置。作为船舶重要性能之一的操纵性包含着两个相关的性能,即航向稳定性和回转性。其中,航向稳定性指的是船舶保持既定航向,作直线运动的能力;回转性指的是船舶按需要由直线航行进入曲线运动的能力。

随着船的类型、尺度以及用途的不同,对舵的要求也各异。远洋船舶在海洋中作较长时间航行,较少变更航向,停靠次数也不多,保持航向是主要的,而操纵的灵活性则是次要的。对于川江船和港作船,经常要改变航向,停靠也较频繁,则操纵灵活性是主要的,保持航向就成次要的了。但不论是哪种船舶,保持航向或灵活地改变航向,都靠舵装置来保证。在航行中,纠正船舶偏离既定航向以及避让其他来往的船只,也需靠舵装置来控制。

一、舵的作用原理

利用转动舵面来改变航向时,有一系列水动力作用过程。

当舵以速度 v_0 运动,或者说水以速度 v_0 流经舵时,舵就相当于一个在流场中运动的有限翼展的机翼。当舵角为零即舵处于正中位置时,舵叶两面流线对称,舵上并不产生水动力。

当舵转过某一舵角 α 时,就相当于机翼以攻角 α、速度 v_0 运动,此时舵面两侧流线对称性被破坏,见图 2-9。由伯努利方程可知:翼背处流线长、流速高、压强低;翼下面流线短、流速低、压强高,在机翼的两侧形成了压力差。压力分布如图 2-9 中双点画线所示,舵面上各点压力均取舵表面的法线方向。由于流体具有黏性,对舵产生沿舵叶表面切线方向上的摩擦力。二者的合力,即为舵上总水压力(动压力),简称为舵压力 Z。力 Z 的作用线与舵叶对称表面的交点称为舵的压力中心 O,其位置通常以其离舵叶导缘的距离来度量。将力 Z 沿流体动力垂直于流体运动的方向分解,得到舵叶的阻力 X 和舵叶的升力 Y,见图 2-10。Y 可用于计算由舵上水压力产生的转弯力矩;若将 Z 力沿舵叶中心线方向和垂直于中心线方向分解,则可得舵叶的切向力 T 及舵叶的法向力 N。N 可用于计算水压力产生的舵杆扭矩。根据力的平移定理,力 Y 可用一转弯力矩 $YL/2$(L 为船长)和作用于船舶重心 G 的横向力 Y 所代替。在转弯力矩和横向力的作用下,船首向转舵方向转动。此时船舶还将产生反向横移和轻度的横倾,并且船舶的阻力将增加,航速将下降。

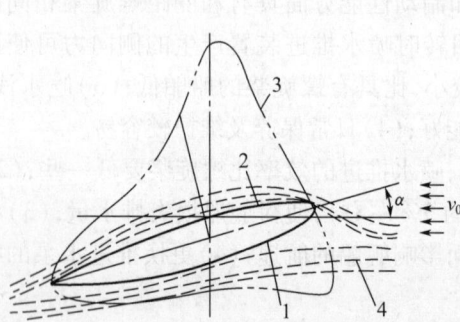

图 2-9 舵面上水的流态图

α—攻角;1—叶面;2—叶背;
3—水压力分布曲线;4—流线

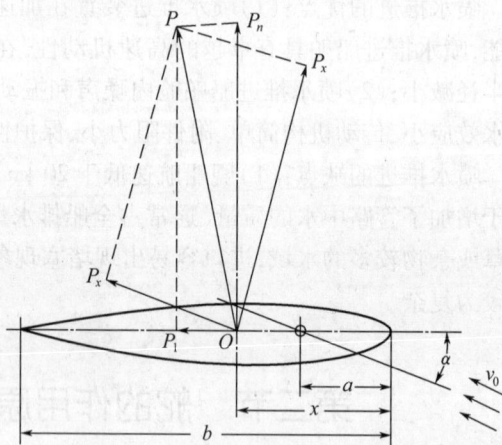

图 2-10 作用在舵面上的水动力分解图

二、舵设备的组成与布置

舵设备中除了舵以外,为在规定时间内将舵转到所需要的角度并保证其有效工作,还需要有操舵装置、舵机、转舵装置。图 2-11 为常见的舵设备组成图。

舵设备的各组成部分应能在规定的时间内将舵转动,能限制舵的转动角度,能将舵可靠地停止在限制舵角内的任何位置上,能从驾驶室监视舵位,同时还应能迅速地由主要的操舵装置转换为备用的或应急的操舵装置。整套舵设备应坚固、可靠、耐用。在满足使用要求的前提下,应尽量减小各部分的外形尺寸和质量。

图2-11中,舵角指示器2是反映舵面转动角度的仪表,装于驾驶室用以了解和监督舵的实际位置。操舵器1是供舵工或驾驶人员转舵用的手柄或舵轮。传动装置3是将舵机4的启动信息由驾驶室传至舵机舱。舵机是带动舵转动的机械,系转舵的原动力,转舵装置(亦称转舵机构)5的作用是把舵机的动力传递给舵。6是舵,它是舵面、舵杆及其支承部件的总称。

舵面在船舶尾部的布置和支承情况可参见图2-12。

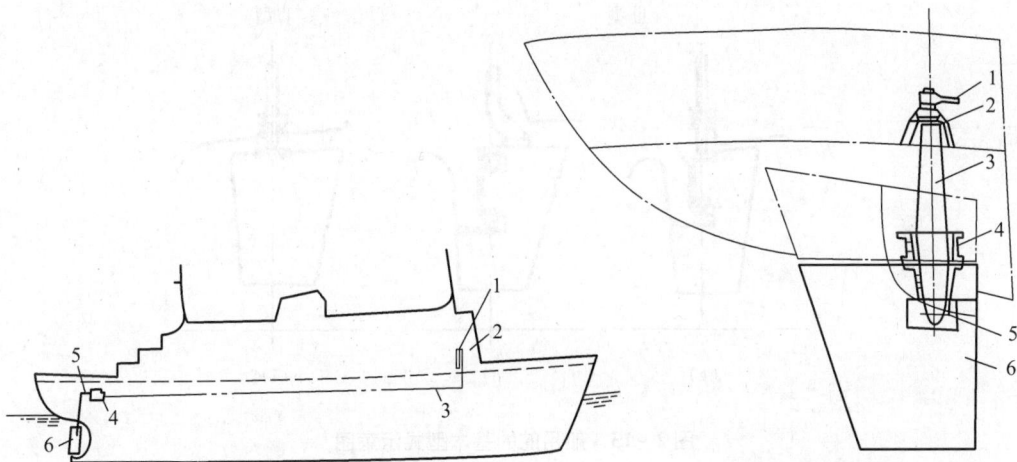

图2-11　舵设备的组成示意图

1—操舵器;2—舵角指示器3—传动装置;
4—舵机;5—转舵机构;6—舵

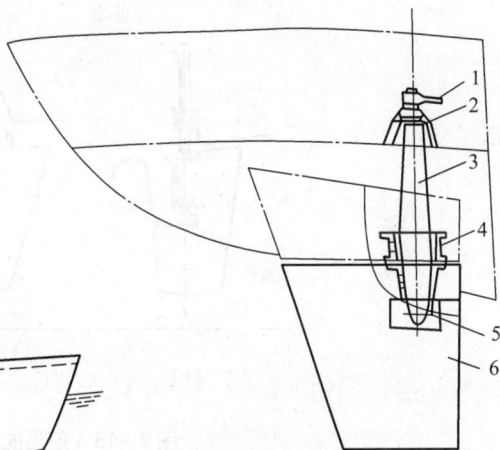

图2-12　舵面的支承和布置示意图

1—舵柄;2—上舵承;3—舵杆;4—下舵承;
5—可拆小门;6—舵面

第三节　舵的类型、几何特性及其构造

一、舵的类型

图2-13所示为船用舵的主要型式,其分类如下:

1. 按舵的固定方式分

按舵的固定方式可分为:

舵踵支承的舵　在舵面下端,或上端均设有支承部件者成为舵踵支承舵,见图2-13中的Ⅰ型和Ⅱ型。

半悬挂舵　半平衡舵,其舵面的上部支承于悬挂舵壁或艉柱的舵扭上,下部呈悬挂状。见图2-13中的Ⅲ型。

悬挂舵　仅在船体内部设有支承点者为悬挂舵,其特点是只有上支承没有下支承,悬挂舵多为平衡舵,应用广泛,见图2-13中的Ⅳ型。

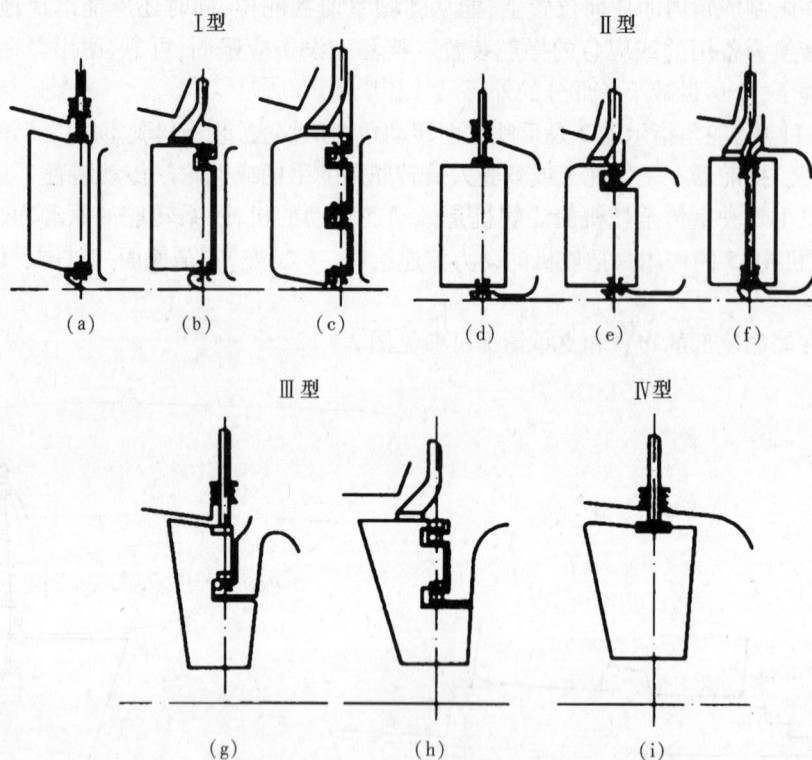

图 2-13　船用舵的基本型式示意图

2. 按舵杆轴线在舵面宽度上的位置分

按照舵杆轴线在舵面宽度上的位置可分为：

不平衡舵　舵杆轴线在接近舵面前缘（导缘）处穿过,如图 2-13 所示的 Ⅰ 型,其特点是舵面全部位于舵杆轴线之后,舵钮支点较多,舵杆强度容易得到保证但是需要较大的转舵力矩。因此只用于小船。

平衡舵　舵叶面积分布于舵杆轴线的前后,如图 2-13 所示的 Ⅱ 型和 Ⅳ 型。其特点是所需的转舵力矩小,进而可相应减小舵机功率。因此在海船中得到了广泛地应用。

半平衡舵　舵的下半部为平衡舵,上半部为不平衡舵,如图 2-13 所示的 Ⅲ 型。平衡比度介于平衡舵和不平衡舵之间,即 0.2 以下。一般用于艉柱形状比较复杂的船舶。

3. 按舵面剖面的形状分

按照舵叶剖面的形状可分为流线型舵和平板舵。除了部分非自航驳船外,绝大多数机动船都采用流线型舵。流线型剖面舵阻力小,压力作用中心位置随舵角变化范围小,有利于减少舵机功率;流线型舵在小舵角情况下即可产生较大的舵压力,有利于转弯;流线型剖面舵都是复板舵,强度符合要求;在一定条件下可改进推进器的效率,采用得最普遍。

二、舵的基本参数

常用的船用舵的基本参数如图 2-14 所示。

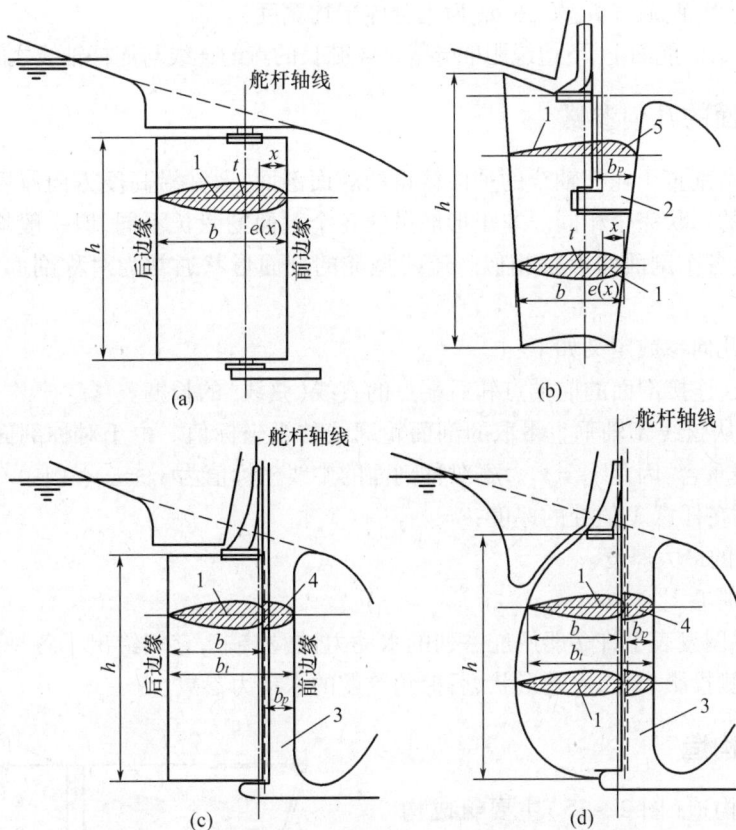

图 2 – 14 舵面的基本参数图

(a)舵踵支承的平衡舵;(b)半悬挂舵;(c)、(d)设置在舵柱后面的舵

1—舵剖面;2—挂舵臂;3—舵柱;4—舵柱剖面;5—挂舵臂剖面

1. 舵面积 A 舵面的侧投影面积。

2. 舵的平衡面积 A_f 位于舵杆轴线之前的舵面面积。

3. 舵的平衡系数 β $\beta = A_f/A$。

4. 舵柱面积 A_p 舵的高度范围内,舵柱对称面的面积。

5. 挂舵臂面积 A_h 在舵的高度范围内,挂舵臂对称面的面积。

6. 舵及舵柱(或挂舵臂)组合面积 A_t $A_t = A + A_p$ 或 $A_t = A + A_h$。

7. 舵高(翼展)h 对于矩形舵和梯形舵为舵面上边缘与下边缘之间的距离,对于其他形状舵应取上、下边缘之间的平均距离,即平均高度 h_m。

8. 舵宽(弦长)b 在垂直于舵杆轴线的舵面剖面上,导缘(前边缘)与随缘(后边缘)之间的距离。对于非矩形舵,应取平均宽度 b_m。

9. 舵柱宽度 b_p 在垂直于舵杆轴线的舵柱剖面上,舵柱前后边缘之间的距离。

10. 舵 + 舵柱组合体剖面的宽度(弦长)b_t 在垂直于舵杆轴线的舵面和舵柱剖面中,从舵柱前边缘到舵面后边缘之间的距离。

11. 舵的展弦比 λ 舵的高度(翼展)h 与宽度(弦长)b 之比值。即 $\lambda = h/b$。对于非矩形舵:$\lambda = h_m / b_m = h_m^2/A$。

12. 舵 + 舵柱(挂舵臂)组合体的展弦比 λ_t 组合体翼展与弦长之比值,即 $\lambda = h / b_t =$

h^2/A_t。对非矩形舵：$\lambda_t = h_m/b_{tm}$（b_{tm} 为组合体平均宽度）。

13. 后掠角 Λ　舵面上、下边缘距舵导缘 1/4 弦长的点的连线与舵杆轴线之间的夹角。

三、舵剖面的几何参数

舵剖面是由垂直于舵杆轴线的平面截得的舵面剖面，通常沿高度方向厚度不变的矩形舵的各个剖面的形状完全相同。非矩形舵虽然各个剖面的弦长不同，但一般均采用相同的厚度比，因而其各个剖面的形状相似。流线型舵的剖面形状通常为对称剖面，导流管为不对称剖面。

舵剖面的几何参数定义如下：

b——弦长，连接剖面的前端点和后端点的直线（弦线）的长度。

y_1, y_2——从弦线 X 轴垂直量取的剖面轮廓线的纵坐标值。由于对称剖面的中心线为直线，且与弦线重合，因此 $y_1 = y_2$。不对称剖面的中线坐标值为 $y_0 = (y_1 + y_2)/2$。

e——剖面在任意 X 值处的厚度：$e = |y_1| + |y_2|$。

t——剖面的最大厚度。

$\bar{t}$——剖面厚度比 $\bar{t} = t/b$。

历年来，各国发表了许多船用舵系列的水动力试验结果，它们给出了各种剖面型式、展弦比、厚度比、侧投影形状、尖端形状、后掠角等舵的水动力参数。

四、舵的构造

单板舵的构造（图2-15）主要组成构件有：上舵杆、下舵杆、舵面、舵壁、舵钮、舵杆接头以及上下舵承等。上舵杆由船内部穿出船外，其上端与操舵器相连，下端与舵相连，操舵器通过它转动舵面，因此上舵杆也就是舵的转轴，一般呈圆形断面，支承它的是上下舵承。上舵杆的直径大小视其承受的扭矩和弯矩而定。下舵杆亦称舵主件，对于非平衡舵，位于舵面的前缘，通常也是呈圆形断面，舵壁就装在其上，舵压力矩通过它传至上舵杆。舵壁是前后布置的用以把舵面和下舵连接起来的构件，可将舵面上的载荷传至下舵杆并加强舵面自身的刚性。在舵壁的前方设有舵钮，用舵销将其与舵柱的上舵钮相连，舵面绕着舵销而转动。因为舵有向两方面同等转动的机会，因此舵臂一般都是相互间隔地分列于

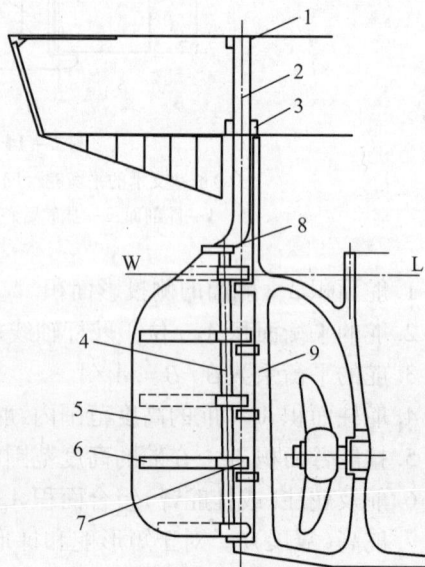

图2-15　单板舵的结构

1—上舵承；2—上舵杆；3—下舵承；4—下舵杆（舵主件）；5—舵板；6—舵壁；7—舵钮与舵销；8—连接法兰；9—舵柱

舵面的两侧，由舵面前缘向后缘延伸，长度约为整个舵宽减去舵面（舵板）厚的两倍。舵壁与舵板焊接起来。

1. 舵钮和舵销

在非平衡舵上舵钮的间距视舵臂的间距而定，而上钮的位置应布置得高些，以便减小

上舵杆的支承跨距。舵销的一端固定在舵臂上(图2－16),而另一端插入舵柱的舵钮中,用作舵面的转轴,其固定的一端制成锥形,顶上留有一段充分长度的螺纹,以便用螺帽固定在舵臂的舵钮上。旋转的一端为了减小摩擦和方便进行磨损后的修换,一般都包以青铜套,并将销端也一并包起以防止锈蚀,或者在舵钮的内侧镶以铁梨木的衬垫,或者衬套衬垫同时兼备。一般衬套为青铜或巴氏合金,衬垫为铁梨木,亦有采用其他适于海水润滑的材料。为了避免船舶在搁浅时舵向上脱出的危险,通常将最上面的一个舵销制成带头的螺栓,之所以选取最上面的一个舵销是为了在卸舵与装舵时船舶不必进坞。

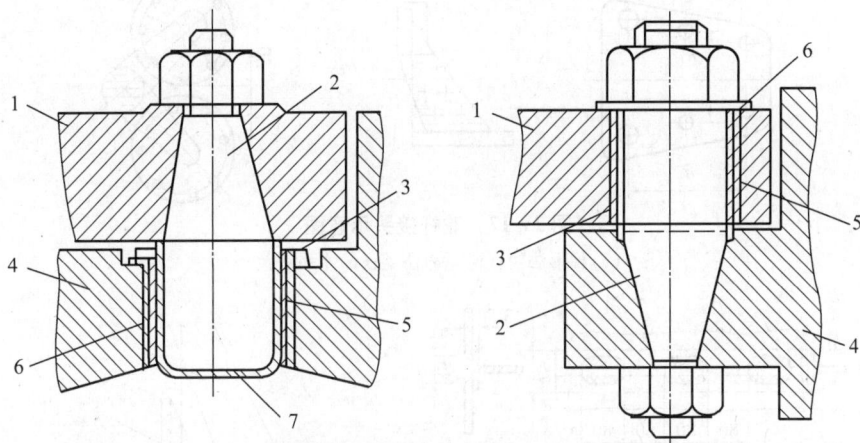

图 2－16 舵钮与舵销示意图

1—舵臂;2—舵销;3—锁紧环;4—艉柱舵钮;5—艉柱舵钮青铜衬套;6—铁梨木承衬;7—舵壁销青铜罩筒

2. 舵杆接头

在舵的上方与上舵杆连接处通常有掌形的舵杆接头,其上掌位于上舵杆的下端,下掌则是下舵或舵主件的一部分,上下掌要求用螺栓和螺母连接,见图2－17。舵杆接头的基本形式有二,即嵌合接头和法兰接头,法兰接头又分水平式和垂直式两种。法兰接头的连接,除用螺栓外,通常还插入以键或一面凸出一面凹槽,但螺栓的设计要能承受舵上的扭矩、弯矩以及舵质量产生的全部应力,键只作为备用。水平法兰的键一般为前后方向布置以便有较大的摩擦阻力。螺栓的安装是将螺母朝下,以便螺母松落时螺栓不至于失落,通常都采用6个螺栓,垂直法兰采用8个螺栓。嵌合连接接头则是上舵杆的下端与下舵杆的上端都做成楔形,仍用螺栓与螺母连接,不用键,但螺栓与螺栓孔都采用锥形,数目6~8个。在舵杆接头的设计中,要使得舵转到最左或最右舷而上舵杆转到最右或最左时,舵呆以垂直上升而不至于碰到上舵杆,这种设计是可能的也是必要的。当采用水平式法兰接头时,须特别注意这一要求,并使装卸舵时上下两法兰之间能保持不小于30 mm 的间隙。对于垂直法兰或嵌合接头此要求易于满足。

现代船舵多采用复板的空心流线型舵,其结构如图2－18所示,它是由上述的单板舵演变而来的,除了保留单板舵的基本构件成分外还有一些附件,如注水塞、放水塞、吊环等。而舵主件及舵壁的功能分别演变成加厚的垂直桁(型钢或组合梁)和水平桁材。这种舵的舵体强度好,舵钮、销较少,一般为两个,舵面为空心焊接结构,其一侧的舵板采用正常焊接的方法与水平桁材和垂直桁材相连,而另一侧封闭用的舵板必须采用特殊的方法焊接,常用的有舌焊法和搭板塞焊法。

A—A

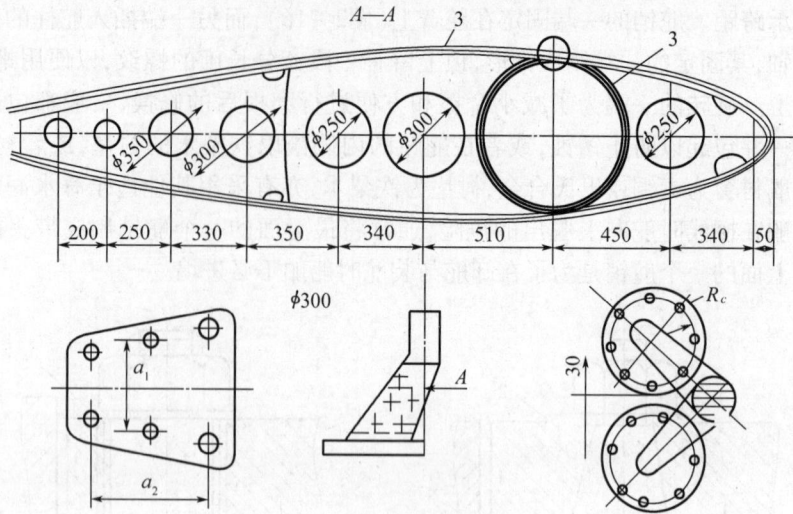

图 2 – 17　舵杆接头示意图

(a)梯形法兰;(b)垂直法兰;(c)水平法兰

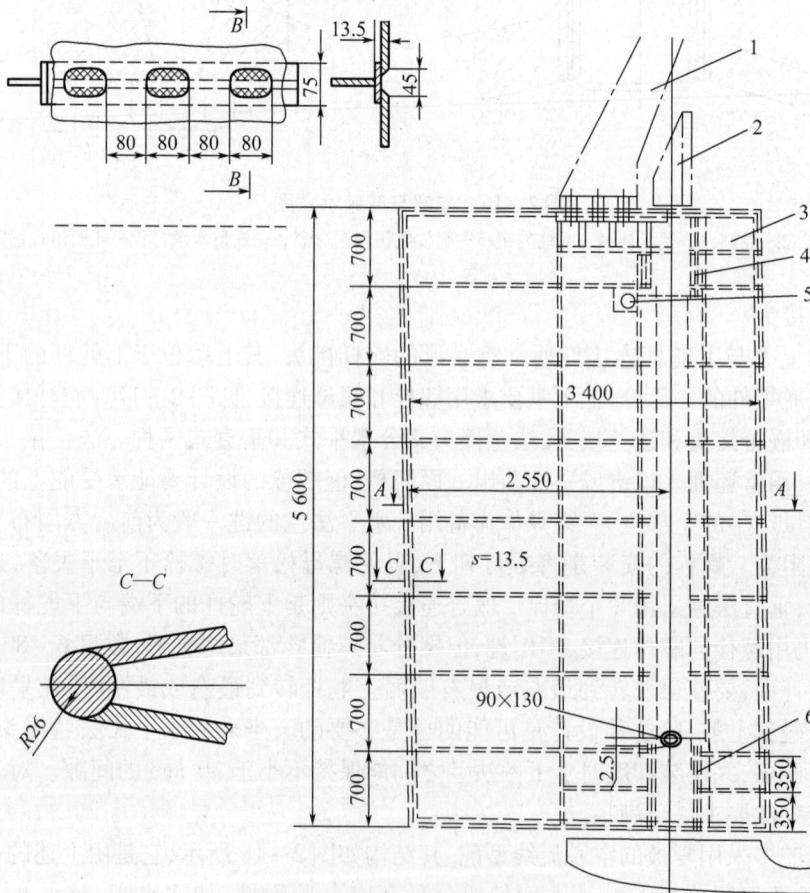

图 2 – 18　流线型舵面结构示意图

1—从舵杆;2—舵轴;3—舵叶;4—上舵承;5—焊制钢管;6—下舵承

　　舌焊法是在水平和垂直桁板上留有突出的舌(图2-19),以便嵌入舵板上对应的切口中。舌上有眼孔,供楔子打入以迫使舵板紧贴于桁板上,在舌的周围施以焊接后将舵板外的舌割去并磨光。搭板塞焊法是在桁板的边缘上加一搭板,搭板与桁板用填角焊连接,再采用长孔焊或 V 形焊将舵板与搭板连接起来。由于长孔焊的周边难以完全填焊到,并且焊缝也不连续,因而用 V 形焊缝比较好,因为 V 形焊的准备工作比较少,所需搭板也比较窄,只需舵板根据桁板的间距裁成相应的板块。舵板在其后缘最好焊在一个型材上,并需具有充分的焊缝,通常采用如图 2 – 20 所示的焊接连接方式。流线型舵一般多为少支承较少,很少采用舵钮,支承件是上、下舵承,如图 2 – 21 所示。

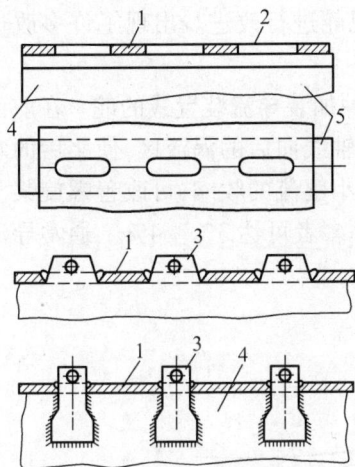

图 2 – 19 舵板的焊接方式图

1—舵板;2—填焊;3—舌板;4—桁板;5—搭板条

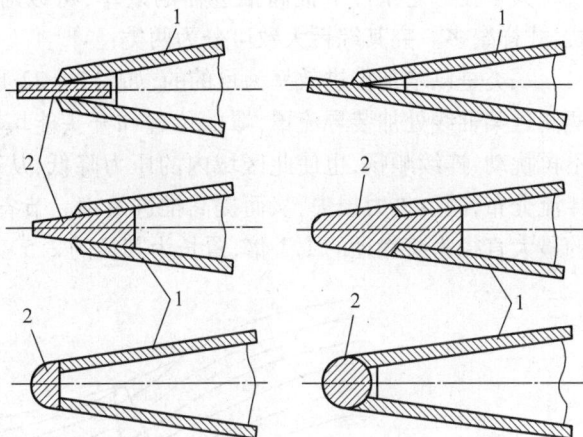

图 2 – 20 舵后缘的焊接方式图

1—舵板;2—尾端材

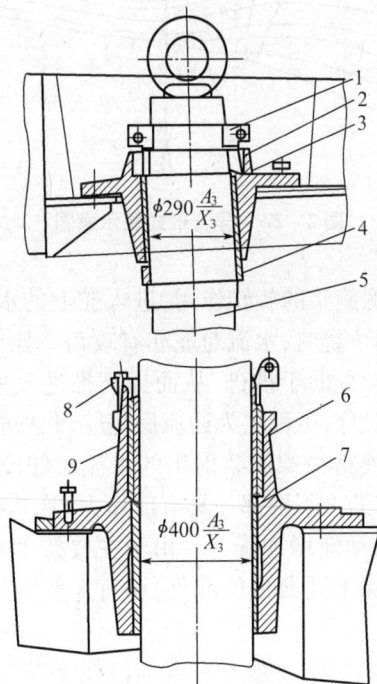

图 2 – 21 上下舵承

1—卡环;2—单向球轴承;3—上舵承本体;4—定位环;5—舵杆;6—水封填料;7—轴衬;8—压紧环;9—下舵承本体

第三节　特种舵和其他操纵设备

一、特种舵

为了在一定条件下提高推进器的效率,可以对常规舵进行改进。出现了许多改进形式,式样繁多。究其综旨大致可分为两类:

一类是以增加推进效率为目的的,如图2－22是一种加装导流装置式的舵。在舵面的两侧近桨轴线处加装导流罩,罩的位置和开头能填充桨轴线向后的涡流区,使桨后的水流不再扰动、连续顺畅,也使此区域内的压力降低,从而减小艉流的收缩;可改善螺旋桨上的伴流分布,减少推力损失,从而提高推进效率。节省功率多者可达3%～4%。通常导流罩的最大直径为桨毂径的1.1倍,罩长为其径的2.5～3倍。

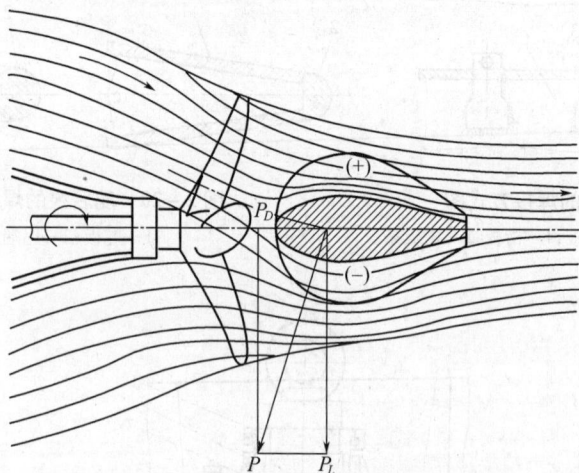

图2－22　导流罩式舵示意图

图2－23为反应舵,由于螺旋桨的旋转作用,进入舵上的水流不仅有向后的线速度,而且有旋转的角速度。舵居中间位置时,水流对舵亦有攻角。如果使舵压力P具有向前的分力P_T,即可成为一附加的推力,有助于推进,从而提高推进效率。图2－24也是一种反应舵,为了与图2－23所示舵型区分,可称之为迎流反应舵,此种舵具有反应推进器的作用,它将舵的导边适当地扭曲一些,使得由螺旋桨射出的水流对舵没有冲击作用,而离开舵时呈直线向后流去。在舵居中时舵的上下两部分具有舵压力,且具有向前的分力,助船推进,即能从艉流中收回一部分旋转的动能增加推力。由于主要技术措施是使舵的导边歪扭迎向水流,特称之为迎流反应舵。除上述典型的舵外,还有在舵两侧加上推力鳍等以增进推进效率。

另一类是以提高舵压力为目标,一般是在普通流线型舵上增加一些附体,以更好地控制艉流,设计成一种高性能的舵。如图2－25所示为希林舵,这是卡尔·希林应用控制螺旋桨艉流的思路设计成功的一种高性能舵,它的专利技术包括上、下制流板,艉流导板或称支撑楔板,特殊的剖面开头可保证在最大舵角时也不出现界层分离现象等。

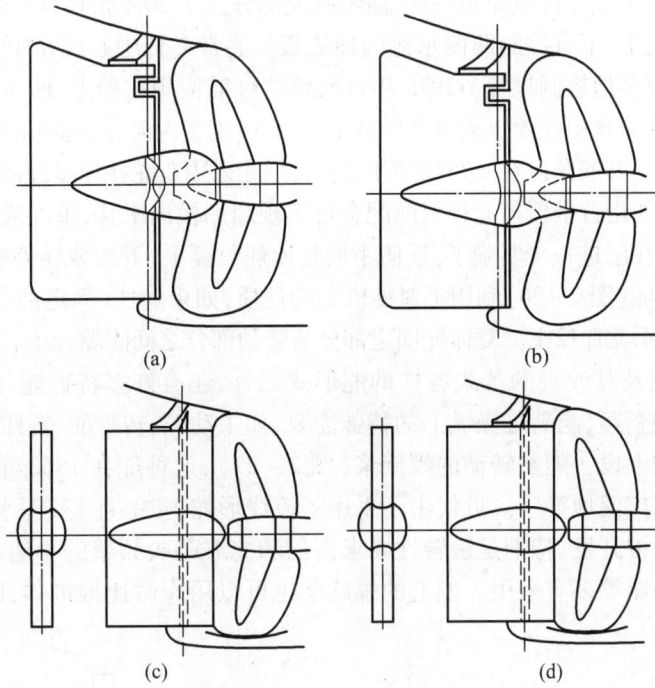

(a)

(b)

(c)

(d)

图 2 – 23 反应式舵示意图

图 2 – 24 迎流反应舵原理图

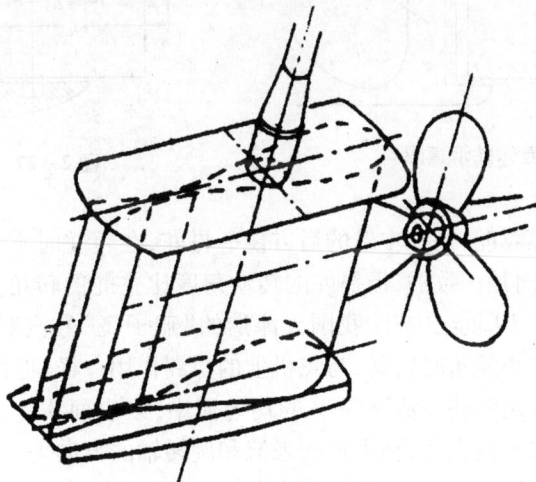

图 2 – 25 希林舵示意图

基于此,希林舵剖面设计成象鱼一样,前缘肥大部分占了 20% 弦长,再逐渐过渡到窄小的腰部和较宽的尾部,上、下有控制两侧水流的导流板。通常舵杆中心线在距导边 40% 的弦长的位置,目的是能更多地控制尾流。1975 年首次将这种舵应用在船上,即显示出具有低速时的优秀操纵性能,在浅水中舵效也无显著的减小,特别适用于内河、运河和限制航道水域,船舶的小展弦比的舵型。其舵角可在 ±75° 范围内使用,因此采用双舵并异步控制可提供向后的推力,无需倒车装置;如用首推器与此种双舵配合可实现船舶横向平移,单舵或双舵可适用于各种大小的船型。现在已进一步明确了,任何小展弦比舵只要上、下加装导流板,对提高舵压力都是有效的。复体舵(图 2 – 26)利用不对称机翼的性质,如果舵柱(固定部分)的面积为总面积的 25%,其升力可增加 12%。复体舵固定部分与转动部分之间间隙较小。

除了流线形舵及其改进的各式各样的舵形式之外,还有许多特种舵,由于它们在作用原理及构造上立意新颖,能满足操纵上的特殊需要,如主动舵、转折舵、转柱及转柱舵等。

主动舵是在舵上设一随舵转动的螺旋桨(图 2 – 27),这种舵在 1862 年即已问世,但当时因结构复杂未能广泛地推广。近代由于采用了流线形舵(空心舵)及深水电机技术,此种舵又被重视并不断被开发,特别是敏转性要求高的和离靠码头频繁的小船,例如巡逻艇、领航船、渡船、拖网渔船等多有采用。舵上的螺旋桨也可以用作微速推进器,因此在科学考察船上也有应用。

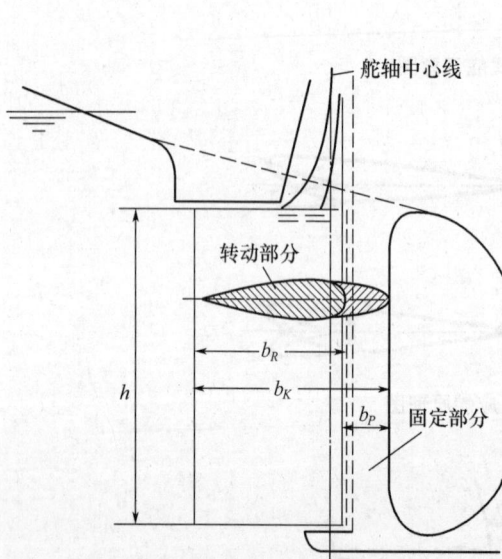

图 2 – 26　复体舵示意图　　　　　图 2 – 27　主动舵示意图

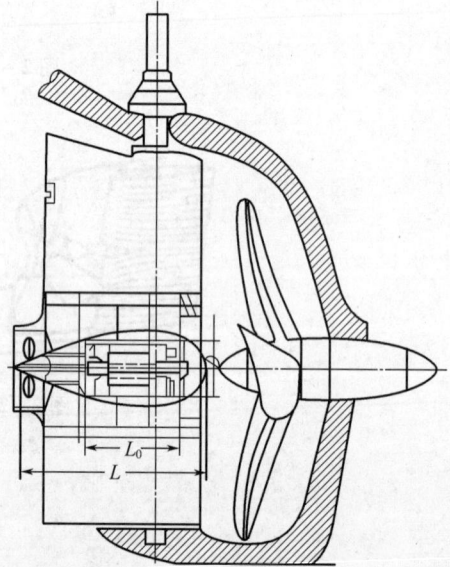

转折舵近代称为襟翼舵,是在主舵的后方设一畏舵,在转舵时不仅主舵转动,辅舵亦同时转动,二者转动的方向是一致的,但畏舵的转动角度比主舵的转角大,原理如图 2 – 28 所示。这种舵最早出现在 19 世纪中叶,我国天津港的"燕子飞"号汽船上,后欧洲有仿造者。由于其流体动力特性在小舵角时特佳,与飞机上的襟翼作用一样,近代称之为襟翼舵。

转柱或转柱舵是利用转柱在流速为 V 的均匀流中,以表面线速度为 u 高速旋转,在其周围将产生环流并与均匀流合成,在垂直于来流和旋转轴的方向上产生一定的升力 P_L。转柱的升力与转柱的侧投影面积 A、表面的旋转线速度 u 及来流速度 V 成正比。

同上,当船在低速航行时,仍可用提高转柱旋转速度的方法获得所需的升力,使船速很低时仍有很好的操纵性和较好的回转性能。但当 $V=0$ 时,转柱则不产生升力。若将转柱安装在普通流线线舵的前面,即成转柱舵(图 2-29)。根据玛格努斯效应原理,操左舵时,转柱必须顺时针旋转,操右舵时转柱以逆时针旋转。这样舵的吸力面水流加速,压力面水流减速,从而增加环流和升力,推迟失速角。

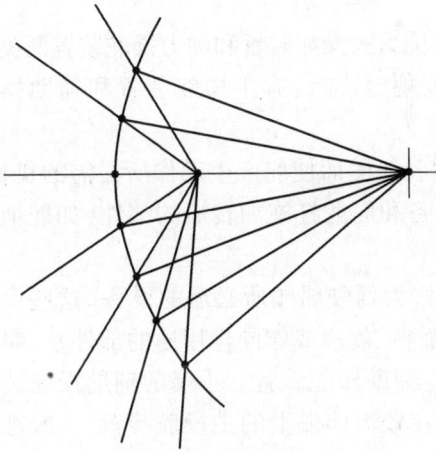

图 2-28 转折舵(襟翼舵)原理图

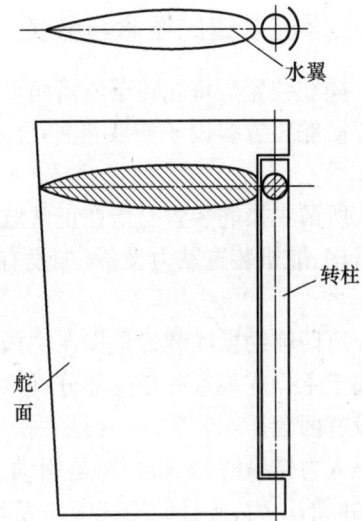

图 2-29 转柱舵的原理图

二、其他操纵形式

全向推进器(Z 型推进器)是一种游艇常采用的其他推进装置。全向推进器是一种绕旋转竖轴作 360°旋转的导管螺旋桨,因而可产生在任何方向的推力使船正航、倒航或斜航。当全向推进器与侧向推力器相配合或船上设有两只全向推进器时,可以使船平行横移或原地回转。这种推进器的轴系要经过伞齿轮和垂直传动轴的换向,像 Z 字状,故亦称 Z 型推进器,见图 2-30。

侧向推力器是利用安装在船体首尾端的水泵或在左右舷贯通管道中的螺旋桨横向喷射水柱所产生的反作用力,使船转向、横移,如图 2-31 所示。

图 2-30 全向推进器图

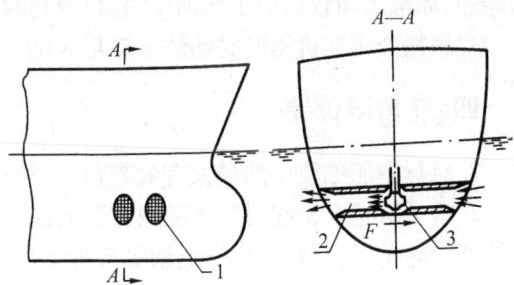

图 2-31 侧向推力器原理图

1—侧向推力器外板出口;2—侧向推力器导管;3—螺旋桨

第四节　操舵装置

一、操舵装置的概念与分类

1. 操舵装置是将舵转至所需角度的装置。可分为人力操舵装置和动力操舵装置两类。

2. 操舵装置多设于艉尖舱平台甲板上,按规范规定,应设有主操舵装置和辅助操舵装置。

3. 所谓主操舵装置是指在正常航行情况下为驾驶船舶而使舵产生动作所必需的机械、转舵机构、舵机装置动力设备(如设有)及其附属设备和向舵杆施加转矩的部件(如舵柄及舵扇)。

4. 所谓辅助操舵装置是指在主操舵装置失效时,为驾驶船舶所必需的设备(这些设备不应属于主操舵装置的任何部分,但可共用其中的舵柄、舵扇或作同样用途的部件)。船舶要求设有两套操舵装置,一套是主操舵装置,一套是辅助操舵装置。小船的辅助操舵装置可以是人力操纵的,大船必须是用动力操纵的。现在较大船舶上的主操舵装置,一般都有两套相同的动力,并且使用其中一套动力就能满足操舵要求,所以它可不设辅助操舵装置。

二、电动操舵装置

1. 电动操舵装置主要由电动机、传动齿轮、舵扇和舵柄等组成。

2. 缓冲弹簧用以吸收波浪对舵的冲击力。舵扇下面装有楔形块,停泊时打上楔形块可刹住舵扇,防止舵受浪冲击而损坏舵机。

3. 电动操舵装置结构简单,操作简便,工作可靠,适用于中小型船舶上。

三、液压操舵装置

1. 液压操舵装置主要由电动机、油泵、管路、转舵机械等组成。这种操舵装置是现代海船广泛采用的一种操舵装置。

2. 它的特点是具有传动平稳、无噪声、操作方便、易于遥控、能实现无级调速,在操舵次数频繁的情况下,比电动操舵装置具有较高的可靠性。特别是对大型、高速和转舵力矩大的船舶,如果采用较高的工作油压时,可获得尺寸较小、质量较轻、布置紧凑的转舵装置。

3. 根据液压舵机推舵时油缸运动形式的不同,有往复式和转叶式两大类。

四、舵角限位器

1. 航行中船舶使用的最大有效舵角,一般流线形舵为32°,平板舵为35°。

2. 为了防止在操舵时实际舵角太大而超过有效舵角,在操舵装置的有关部位设置舵角限位器。舵角限位器有机械、电动等多种类型。机械舵角限位器可以设在舵叶上或下舵杆与舵柱的上部。

3. 还有在舵柄两侧极限舵角位置处装设角铁架。当舵转到满舵时,舵柄被角铁架挡住,不能继续转动。电动舵角限位器为装于舵柄两侧极限位置的开关。当舵转到满舵时,舵柄与其相连的装置使开关处于断路位置,与开关串联的舵用电机即停止向某一舷继续转动;当舵机电机反转时,舵柄或与其相连的装置和开关脱离接触,开关即在弹簧的作用下回到通路位置。

五、SOLAS 公约与我国《钢制海船入级建造规范》对操舵设备的要求

一艘船舶如果设置一个主操舵装置和一个辅助操舵装置,对主辅操舵装置的布置,应满足当它们中的一个失效时应不致使另一个失灵。

1. 对主操舵装置和舵杆的要求

（1）具有足够的强度并能在最大营运前进航速时进行操舵,使舵自任一舷的 35°转至另一舷的 35°,并且于相同条件下自一舷的 35°转至另一舷的 30°所需的时间不超过 28 s。

（2）为了满足上款的要求,当舵柄处的舵杆直径（不包括航行冰区的加强）大于 120 mm时,该操舵装置应为动力操作。

（3）设计成船舶最大后退速度（指船舶在最大航海吃水情况下用设计的最大后退功率估计能达到的速度）时不致损坏。但这种设计要求不需要在试航中的最大后退速度和最大舵角进行验证。

2. 对辅助操舵装置的要求

（1）具有足够的强度和足以在可驾驶的航速下操纵船舶,并能在紧急时迅速投入工作。

（2）能在最大营运前进航速的一半但不小于 7 kn 时进行操舵,使舵自一舷的 15°转至另一舷的 15°,且所需时间不超过 60 s。

（3）为了满足上一款的要求,在任何情况下,当舵柄处的舵杆直径（不包括航行冰区的加强）大于 230 mm 时,该操舵装置应为动力操作。

（4）人力操舵装置只有当其操作力在正常情况下不超过 160 N 时方允许装船使用。

3. 对主、辅操舵装置动力设备的布置的要求

（1）当动力源发生故障失效后又恢复输送时,能自动再启动。

（2）能在驾驶室使其投入工作。

（3）任一台操舵装置动力设备的动力源发生故障时,应在驾驶室发出声、光警报。

（4）如主操舵装置具有两台或几台相同的动力设备,则在下列条件下可不设置辅助操舵装置:

①对于客船,当任一台动力设备不工作时,主操舵装置仍能按上述 1.（1）的规定进行操舵;

②对于货船,当所有动力设备都工作时,主操舵装置能按上述 1.（1）的规定进行操舵;

③主操舵装置应布置成当其管系或一台动力设备发生单项故障时,此缺陷能被隔离,使操舵能力能够保持或迅速恢复。

4. 附加要求

（1）1 万总吨及以上的每艘油船和 7 万总吨及以上的每艘其他船舶,其主操舵装置应设两台或几台相同的动力设备,并符合 3.（4）中的各条规定。

（2）1 万总吨及以上的每艘油船,其操舵装置应符合以下规定:

由于主操舵装置的一个动力转舵系统的任何部分（但除舵柄、舵扇或为同样目的服务的部件或因转舵机构卡住以外）发生单项故障以致丧失操舵能力时,应在 45 s 内能够重新获得操舵能力。

操舵装置应包括:

①两个动力和分开的动力转舵系统,每个系统均能满足1.(1)的要求。

②至少有两个相同的动力转舵系统在正常运行中同时工作能满足1.(1)的要求。当需要符合此要求时,各个液压动力转舵系统应设有交叉联结。任一系统中液压流体丧失时应能发现及有缺陷的系统应能自动隔离,使另一个或几个动力转舵系统保持完全运行。

③非液压形式的操舵装置应能达到同等的标准。

(3)对1万总吨及以上但小于10万载重吨的油船的操舵装置,若能达到同等的安全标准和符合下述规定时,可允许采用不同第1条中的所述办法,即对一个或几个动力转舵系统不必应用单项故障标准。

①由于管路或一台动力设备的任何部分发生单项故障而丧失操舵能力时,应能在45 s内恢复操舵能力。

②若操舵装置只具有单一的动力转舵系统,则须对设计时的应力分析,包括疲劳分析、断裂力学分析(如适合时)和对所用的材料、密封装置的安装、试验、检查及有效的维护规定等予以特别考虑。

(4)对1万总吨及以上但小于10万载重吨的油船的非双套动力转舵系统,其验收要求应经船检部门特别同意,并应符合国际海事组织A467(Ⅻ)决议的规定。

5.操舵装置控制系统的布置

(1)对主操舵装置,应在驾驶室和舵机室两处都设有控制器。

(2)当主操舵装置是由两台或几台相同的动力设备组成不设辅助操舵装置时,应设置两个独立的控制系统,且每个系统均应能在驾驶室控制。

(3)对于辅助操舵装置应在舵机室进行控制。若辅助操舵装置是用动力操纵的,则也应能在驾驶室进行控制,并应独立于主操舵装置的控制系统。

(4)能从驾驶室操作的主、辅操舵装置的控制系统应符合下列要求:

①在舵机室应设有能将驾驶室操作的控制系统与其所服务的操舵装置脱开的设施。

②此控制系统应能在驾驶室某一位置被投入操作。

(5)当控制系统的电源供应发生故障后,应在驾驶室发出能视听的警报。

(6)驾驶室与舵机室之间应备有通信设施。

(7)舵角位置应在驾驶室及舵机室显示。舵角指示应与操舵装置控制系统独立。

(8)驾驶室和舵机室应固定展示带有原理框图的适当操作说明。此说明表明操舵装置控制系统和动力转舵系统的转换程序。

六、游艇操舵系统的要求

《游艇建造规范》对游艇的操舵系统提出了一些要求:操舵装置应能确保航行时对艇的操纵是可靠的。动力操纵的操舵装置应设有两个动力源,其中舵桨一体式装置除外。对于单一动力源的动力操纵装置,应设有独立于动力源的人力操舵装置。操舵位置应使操舵人员具有良好的航行瞭望视野。

采用喷水推进系统应该满足:喷水推进器应能承受所有运转工况下的负荷,喷水推进器的安装,包括轴系对中,应使推进系统在所有运转工况下安全工作。喷水推进器的方向控制装置应能在驾驶室内进行操作。同时,在驾驶室应设有显示喷水泵转速和喷水推进器倒车斗位置的指示装置。

对于全向推进器,应该满足:回转装置动力设备如为电动或电液时,应设有备用动力设备或其他应急操纵措施,若游艇设有两台或两台以上的全向推进装置时,可免设备用动力设备。舵桨装置应在驾驶室和舵机室设有舵角指示器。

七、操舵装置控制系统

1. 操舵装置控制系统是使舵机能按照驾驶者意图及时地、准确地将舵转到所需舵角上的装置,有电力式、液压式、电动液压式和机械式等多种。现代船舶操舵装置的控制系统主要有液压控制和电力控制两种。

2. 液压控制系统实质上是通过一充满液体的连通器将驾驶台的操舵动作传达到舵机上。

3. 电力控制系统:目前海船上普遍采用电力控制装置,因它轻便灵敏,线路易于布置,不受船体变形和温度变化影响,工作可靠,维修方便,并有利于操舵自动化。采用电力控制装置的船舶,都有两套独立操舵系统的线路布置。当一套操舵系统发生故障后,立即可以转换另一套操舵系统。这两套系统分别称为随动操舵系统和手柄操舵系统。

4. 随动操舵系统是装有舵角反馈发送器,能进行追随控制的操舵系统,这种操舵方式的舵轮转动角和舵叶的偏转角度是相当的,操舵时比较直观。

5. 手柄控制系统也称直接控制系统,它是直接控制继电器使舵机转动的系统。它没有舵角反馈装置,手柄或揿钮相当于继电器的开关。操舵时,当舵角指示器上到达所需的舵角时,要立即将手柄回复到中间位置或松开揿钮。该线路布置简单,一般作为随动控制系统失灵时的备用控制系统。使用直接控制系统操舵时,应注意掌握船的回转惯性的作用,要及时断电,才能使舵面准确到达所需的舵角。

复习思考题

1. 舷外机有什么特点,其主要适用于什么游艇?
2. 喷水推进有哪些优特点,其主要适用于什么游艇?
3. 简述舵的基本原理。
4. 舵是怎样进行分类的,各种不同类型舵分别有哪些特点?
5. 单板舵是由哪些构件组成?
6. 流线形舵面由哪些构件组成?
7. 特种舵有哪几种类型,各有什么特点?
8. 什么是主操舵装置和辅操舵装置,规范对它们分别有什么要求?
9. 规范对游艇的操舵系统有哪些要求?

第三章　游艇的锚设备

第一节　概　述

船舶不仅要求运动性能优良,还要保证在一切可能发生的情况下(货物的装卸,人员的上下,等候或空出码头线,躲避风浪或进行检疫),船舶能有效地停靠。

船舶有两种停靠方式,一种是抛锚停泊,另一种是系缆停泊。所谓抛锚停泊就是利用锚设备将船舶系在港内或岸外泊地水底。抛锚停泊一般用在等候泊位、躲避台风、等候领港、接受检疫、船舶在港外抛锚停泊,还有巨型船舶受吃水限制的港外停泊、海洋结构物在海上停泊作业这些情况。而另一种系缆停泊是利用系船设备将船舶直接系结在码头或岸边。其使用范围为货物装卸、旅客上下。普通民船大部分是以此方式停靠在码头上。

锚设备不仅能使船舶可靠停泊,同时也起到操纵船舶的作用。锚设备作用主要有这样几点:(1)锚泊;(2)抛锚制动;(3)控制船首向;(4)船舶在大风浪中失控的情况下,利用拖锚或拖链漂泊滞航,以争取时间改善处境;(5)搁浅船用锚固定船身,协助脱险;(6)登陆艇登陆时,预先抛下艉锚,待登陆完毕后,收紧艉锚,借此脱离海滩。

对游艇来说,锚泊设备的要求与其营运性相关,对于某些小型游艇,没有锚泊作业,或者说不宜抛锚,因此,游艇原则上不强制配备锚泊设备。本章仅针对设计上考虑有锚泊需要的游艇。

一、船舶的锚泊方式

锚泊方式随着不同的水域、气象条件和船只锚设备的布置情况而各异,通常有下述几种。

1. 船首抛锚

船首抛锚分为船首抛单锚和船首抛双锚两种,如图3-1所示。

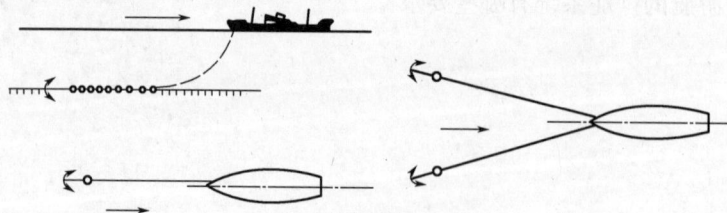

图3-1　船首抛锚示意图

船首抛单锚用于气候条件好,停泊时间不长的情况。抛单锚时,船载水面上活动范围较大。船首抛双锚用于活动受限制或水域有较大的风浪、急流影响的情况。由于船首抛锚时船体所受的风力、水流力最小,所以船首抛锚是船舶锚泊的主要形式,也是船舶主锚布置艏部的原因。

2. 舷侧抛锚

舷侧抛锚如图3—2所示。为使水流或风向与船中线成垂直状态或有一定交角,以便通风消毒或使船能在下风一舷装卸货物或进行其他作业。

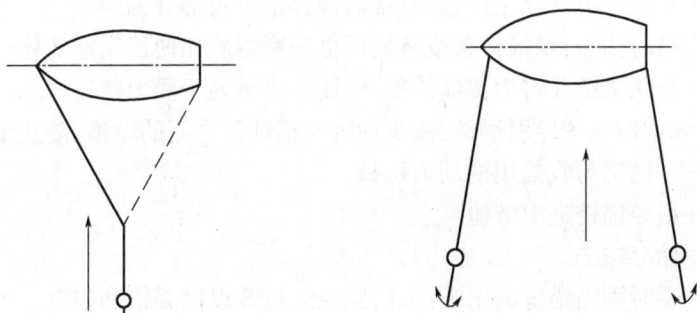

图 3—2 舷侧抛锚示意图

3. 船尾抛锚

船尾抛锚多用于内河船舶,当船舶顺水航行时,可避免船只因抛锚而掉头,如图3—3所示。对于经常需抛尾锚的船舶,应具有较完善的艉锚设备。

4. 船首尾抛锚

船首尾抛锚,如图3—4所示。船舶经受涨、落周期作用而活动水域又受限制以及某些特殊情况下使用。

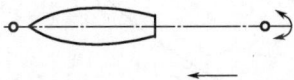

图 3—3 船尾抛锚示意图   图 3—4 艏艉抛锚示意图

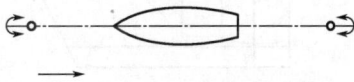

5. 多点抛锚

多点抛锚如图3—5所示。某些海洋浮动结构物,如钻井船、钻井平台、采油平台和航标船、打捞救生船等,按作业要求对位移量有一定限制时,则采用多点锚泊定位。一般用三锚定位。定位要求高的钻井船、半潜式平台用6~10个锚,根据作业区的水深及抗风暴的要求,甚至有的高达21个锚。

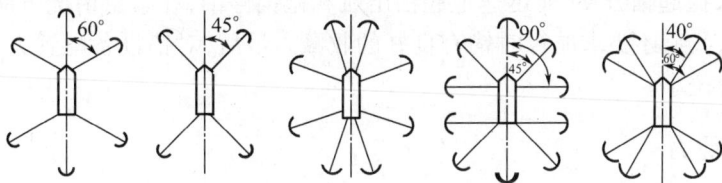

图 3—5 多点抛锚示意图

二、锚设备的组成

游艇的锚泊设备根据其尺寸的大小有所不同,对于大型游艇其锚泊设备和海船有些类似,小型游艇的锚泊设备非常简单。这里首先介绍的是大型游艇锚泊设备的组成。锚设备由下列主要部分组成:锚、锚索、锚链筒、擎制器、导链滚轮、导索器、起锚机械、锚链管、锚链舱和弃链器,如图3-6所示。

　　锚——啮入水底泥土产生抓力,平衡船舶所受的外力。

　　锚索——连接锚和船体的绳索,用于系锚并传递锚的抓力。

　　锚链筒——从舷外引导锚至甲板,收锚后储存锚干及部分锚链。

　　擎锚器——当起锚后,擎锚链条或链钩可借松紧螺旋扣使锚紧贴船体。

　　擎链器——止住锚链并将力传递给船体,使锚机不处于受力状态。

　　导链滚轮、导索器——导引锚链,减少锚链与锚链筒之间的摩擦,防止锚链翻滚。

　　起锚机械——抛锚与收锚用的动力机械。

　　锚链管——引导锚链进出链舱。

　　锚链舱——储存锚链。

　　弃锚器——平时固结锚链的末端链环,紧急时打开以抛弃锚和锚链。

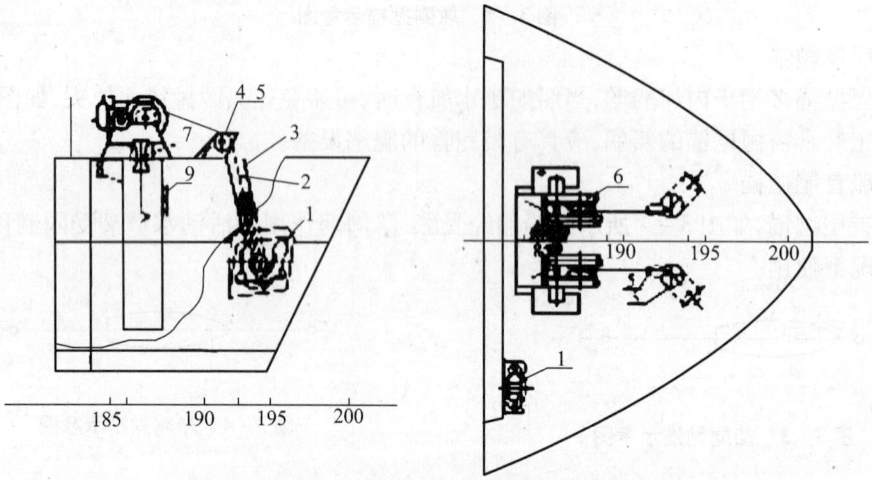

图3-6　锚设备的组成示意图

1—锚;2—锚链;3—锚链筒;4—导链滚轮;5—擎链器;
6—锚机;7—锚链管;8—锚链舱;9—弃锚器

　　锚泊设备首先应能保证停泊的安全可靠,即可靠地抵御风、水流、波浪等对船体的作用。同时,要求抛起锚方便,能迅速地起锚出航和抛锚停泊,在紧急情况下能立即弃锚,离开锚地。另外,我们还要求航行时锚有良好的收藏。最后,对锚设备配置力求整个锚泊设备质量轻,占地位小。

三、锚泊受力

　　锚泊就是将一个重物投向水中,使其沉入水底,以此来停泊并固定住船舶。听起来似乎简单,但还要考虑到这个"重物"将会受到风浪、水流、潮汐和其他锚泊船等各种因素的影响发生位移。船舶锚泊时所受的外力有:船体水线以上部分所受的风压力、船体水线以下部分所受的流力、波浪冲击力,以及船舶在波浪中摇摆振荡时所产生的惯性。锚设备的作用就是用抛锚的方式,通过锚索船体平衡这些外力,使船只可靠地停泊在于其泊位。当外力大于锚所能提供的抓力时,船会沿着外力的作用方向漂移,形成"走锚"现象。在正常锚泊时,这种现象是不允许发生的。同时也要求当外力超过最大抓力时,锚爪仍然能够抓入底土,并能维持有效抵抗力下进行移动。

四、游艇的锚泊作业

1. 选择锚地的一般要求

通常游艇都在港口锚地或江河入口处的锚地下锚。由于锚地范围和条件限制,需要根据本艇具体情况和当时周围客观条件,认真研究海图、航路指南等航行资料以及气象预报,选择安全的抛锚地点。

(1)水深

在无浪涌侵入、遮蔽良好的锚地,所选锚地的水深应能保证在低潮时仍然具备20%吃水的富余水深;在有风浪或涌浪侵入的开敞锚地,为预防游艇在摇摆、垂荡时出现的游艇墩底现象,应能保证低潮时的水深大于1.5倍吃水再加上2/3的最大波高;深水区域抛锚时,锚地最大水深不得超过一舷锚链总长的1/4,否则将会影响锚的抓力。

(2)底质

锚抓力与底质关系密切,软硬适度的沙底抓力较好,泥沙底次之,硬质泥底较差,石底不宜锚泊。锚地的海底地形以平坦为好,若坡度较陡(等深线较密)则影响锚的抓力,容易出现走锚。

(3)水流

流向宜相对稳定,流速以较缓为好。

(4)有足够回旋余地

回旋余地应根据底质、锚泊时间的长短、附近有无障碍物、气象、海况等情况来综合分析确定。开阔水域锚地和港内锚地水域条件不同。在港内锚地,由于船舶密集,水域有限,一般情况下锚泊所需水域可估算如下:单锚泊时取回旋半径 = 艇长 + 需要(或允许)出链的长度;八字锚泊时取回旋半径 = 艇长 + 0.6 × 需要(或允许)出链的长度。

(5)避风条件

根据当地的气象预报和所处海区盛行的季节风,所选锚地应避免受强风的袭击,靠上风水域一侧为原则(避风水域内)。若为避免台风而锚泊,最好选择环抱式的避风港湾锚地,或者周围有高山、岛屿为屏障的水域来作锚地。

(6)船舶交通服务系统(VTS)

许多港口都建立了船舶交通服务系统(VTS),应尽可能选择(VTS)监控下的锚地。VTS可对锚泊船锚位进行监控,及时发现走锚。

(7)其他方面

所选锚地附近还应远离航道或水道等船舶交通较密集地区,还应是无海底电缆等水中障碍物的水域,水流宜缓且方向稳定。

2. 锚泊作业

当游艇按减速要求向锚地接近,并尽可能使用雷达随时预测到达预定抛锚点的距离,据以及时调整艇速。当距抛锚点尚有一倍艇长时,将艇机换为微退,使艇首正处于抛锚点时,正好使艇速也消耗殆尽并有微小退势时,同时将锚抛出。当倒车刚一开始使艇微微有点退势迅即停车,利用艇极慢的退势,分多次少量出链(或绳)至预定长度。

3. 走锚判断及应急措施

(1) 走锚的判断

锚泊船引起走锚的原因很多,主要是由于锚泊力不足和偏荡。导致锚泊力不足的原因主要有出链太短、底质较差、锚链绞缠、强风急流突起等。一旦锚链张力超过锚泊力,锚就有可能被拖动、自转乃至翻转出土,从而失去正常锚泊力,这种现象称为走锚。游艇走锚如不能及时发现并采取有效措施,往往会发生碰撞、搁浅、触礁等严重事故。驾驶人员在值锚更时,应该及时发现走锚,并采取有效防范措施。判断锚泊船是否走锚的方法主要有:①利用各种定位方法勤测船位。利用陆标、雷达、GPS定位,经常核查船位以便及早发现走锚。②连续观察偏荡情况。强风中的锚泊艇,如来回偏荡持续不断,则说明锚泊力能抵御外力及偏荡的影响,艇未走锚。如偏荡运动停止,而变为仅以抛锚舷受风状态,则判定艇已走锚。这是大风中判断走锚的最及时的方法。③观测:岸上串视标判断法。在强流中,我们应重点观测游艇正横附近的串视标的方位变化来判断是否走锚。但在强风中应注意游艇走锚时往往是以接近正横状态受风漂移,所以应重点观测艇首尾方向上的串视标以判断是否走锚。④根据本艇与他船相对位置变化来判断走锚。注意观察周围锚泊船与本艇的相对距离,如距离变大或缩小明显,且他船并未起锚航行,则必有一艇走锚。如本艇在他船上风流一侧且两艇间距缩小,则可判定本艇走锚;反之,则为他船走锚。⑤观察锚链情况。正常锚泊时,锚链带有周期性松紧、升降现象。若表现为持续拉紧状态或突然松动的现象,则有可能走锚。此时,若用手按住锚链能感到锚链间歇性的急剧抖动。

(2) 应急措施

一旦发现走锚,值班驾驶员应采取如下措施:①应立即加抛另一首锚并使之受力,这是首要措施,同时紧急备车。②在查明用车无妨碍时,可用车抵抗外力以减轻锚链受力,防止游艇继续走锚。③按国际信号规则规定,及时悬挂并鸣放"Y"信号,并用VHF,等通信手段警告附近他船。④如开车后仍不能阻止走锚,则应果断决策,离艇上岸。

一旦选好锚地,并考虑了水深、潮差、水流、风向、风力、底质情况、周围锚泊船只和各种水上危险等一系列复杂因素后,接下来要做的就是做好准备,开始抛锚。要让船员清楚了解整个抛锚的程序,确保当船舶接近锚地时,所有抛锚所需设备都已准备就绪。

传统的方法是控制船舶速度,缓缓从顺风方向或者顺流靠近锚地,同时,在船首安排一名船员做好放锚的准备。如果将锚收藏在船首滚轮位置,这时锚可以处于半放置状态,当锚链松开,锚可以自由落下。另外,要确保锚链或者锚索没有散放在甲板上,以防船员疏忽踩到引起事故。

当锚触底后,船舶应该微速后退,只有这样,舵手才能判断船的停止状况,确认船长是否满意当前位置。船舶开始慢慢倒车时,要大喊"放锚"。放锚船员应该让锚自由落下,直到锚触底。锚触底后,锚链要适度拉紧,确保锚链没有堆积在锚的周围。这时,船舶再倒车。多数船舶在倒车时通常会有往左舷或右舷方向摆动的现象。千万不要试图抵消这一趋势。当船舶倒车时,船员不要干预锚链的自由走动。倒车速度不要过快。一般来说,应在微速倒车后再挂空挡,此时,船舶会有足够的动能完成锚泊。

当放出锚链链长充分时,前甲板上的船员应该开始轻轻刹住。不要立刻完全刹住锚链,因为这可能导致走锚,而应该渐次增加锚链阻力,让船舶慢慢减速。通过缓慢降低船速,向后运动的冲力可以帮助锚爪抓地。船舶倒车时,允许船舶偏离直线会更有利,因为锚泊成功的一个迹象就是船头拉紧锚链,与锚链成直线。最后,再倒车一次,让锚爪深深抓底,保证锚链适度拉紧,不过倒车动力不要过大,否则有可能将锚拉出。如果船舶持续偏向下风,那么即有可能锚没有抓牢。如果第一次没有抓牢最好把锚收起,检查锚是否有被堵塞,然后再抛锚。抛锚后至少要监测船摆动 5 min,确认锚是否真正泊好。一旦船舶锚泊固定后,至少测量两处岸上物体明确的罗盘方位。在航海日志或海图上记下方位,这样不时检测他们的方位,便可得知锚位有没有移动。另外,不时探测水深和在 GPS 上设置警戒区也有助于观测锚位。锚泊固定后,白天船舶必须根据船舶大小挂一个黑色球体,晚上则挂白色锚灯。

第二节 船 用 锚

一、船用锚的型式

锚的种类繁多,按照不同的分类标准有不同的分类情况。按照有杆无杆分为有杆锚、无杆锚;按照带抓的数目分为独抓锚、二抓锚和四抓锚;按照用途分为:停泊锚、固定锚、深水锚、定位锚、冰锚。本节主要根据普通有杆锚、普通无杆锚、大抓力锚和特种锚这四种类型来讲解。

1. 普通有杆锚

海军锚带有两个固定的锚爪,是有杆锚,其横杆设在靠近锚卸扣处,并同锚爪成交叉状,如图 3-7 所示。一旦受力,依靠横杆的支撑可使锚爪啮入底土。海军锚的锚体和横杆均为铸钢件。海军锚特别适用于砂、硬泥底质,也可用于礁石底质。其缺点是始终有一个锚爪露出在底质外,容易造成锚索的纠缠,甚至危及在其上通过的船舶,且收放很不方便。现在只在内河小船、游艇及帆船上采用,或作为备用锚。

单爪锚如图 3-8 所示,其形状如同切去一只锚爪的海军锚。性能亦同海军锚相似。其锚体和横杆均为铸钢件。单爪锚起锚时,必须吊住锚头,使锚头向下,缓慢放到水底。

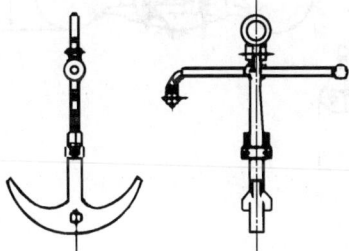

图 3-7 海军锚示意图

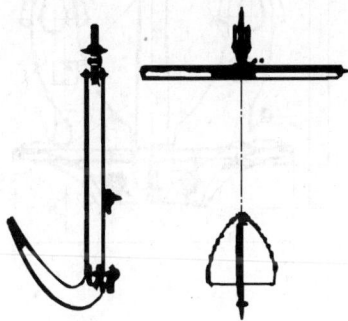

图 3-8 单爪锚示意图

海军锚抓底过程如图 3-9 所示,锚冠先着地,在锚链的拉力作用下使其翻倒。如果是锚杆顶着地,则为不稳定状态,经水平拖曳必翻转成一爪朝下的状态。在锚链的拉力及锚的重力作用下,该爪逐渐啮入泥土,一直啮到锚杆不能升入为止。

图 3-9　海军锚的抓底过程

2. 普通无杆锚

霍尔锚如图 3-10 所示,锚干与锚头是活动的,用销轴连接在一起,锚爪可以绕销轴左右旋转 45°,锚冠两侧设有助抓突角。锚柄截面为矩形或圆形,折角(锚爪与锚柄之间的最大夹角)为 42°。此外,另一种短杆霍尔锚,其锚柄长度较短,折角为 38°。不仅容易制造装配,其最大优点是没有锚杆,收存方便,在起锚时可将锚杆收入锚链筒内,而且锚经常处于抛出状态。抓重比较小,为 2.5~4,但由于起抛锚方便,省时省力,它的两爪均啮入水底,不会对过往船只造成危害。因此,霍尔锚被广泛应用与各种船舶上,作为主锚。

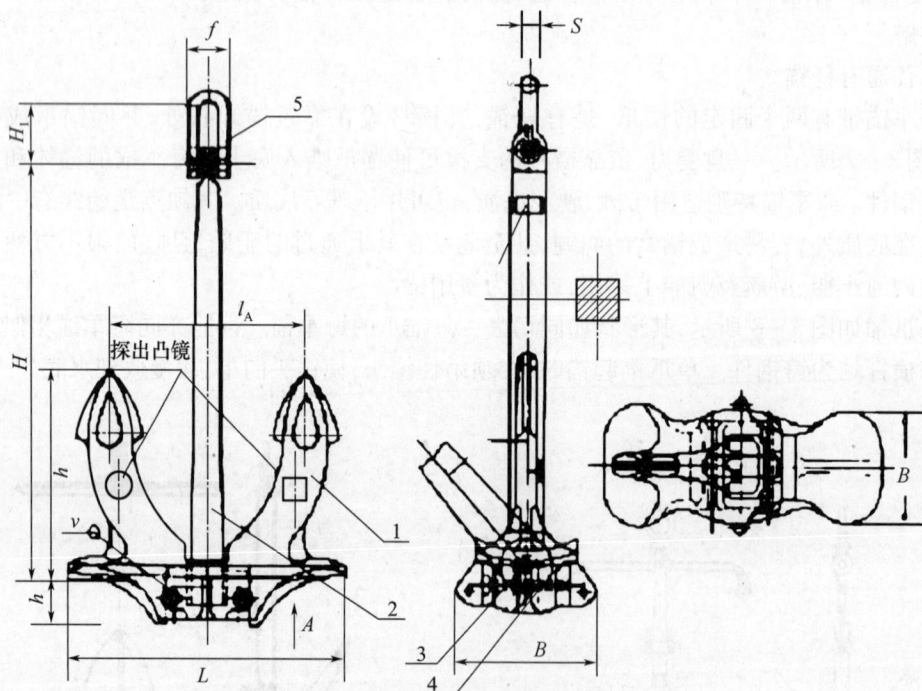

图 3-10　霍尔锚示意图
1—锚爪;2—锚柄;3—小轴;4—横销;5—a 型锚扣

斯贝克锚如图 3-11 所示,折角为 40°,它的基本性能同霍尔锚相似,其最大特点是锚头中心略低于转轴,是霍尔锚的改良版,克服了霍尔锚由于锚头中心高于转轴而导致的起锚不便。因此,锚起吊时,锚爪竖直与锚柄在同一平面上。斯贝克锚通常用作艏锚,特别适用于艏部线型较肥大的船舶,尤其适用于带球艏的船舶。

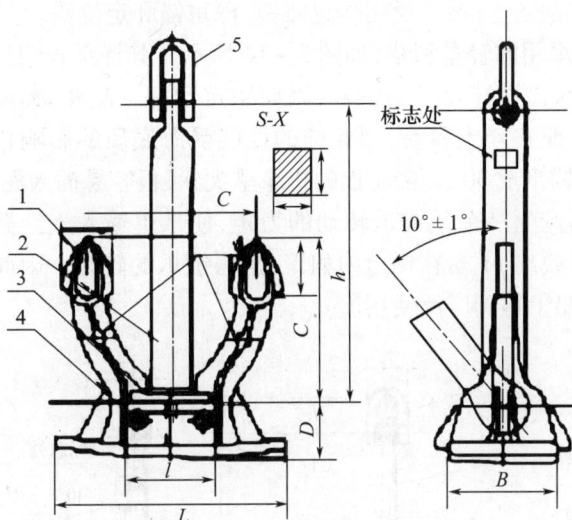

图 3 - 11　斯贝克锚简图
1—锚爪;2—锚柄;3—小轴;4—横销;5—a 型锚卸扣

普通无杆锚的抓底过程如图 3 - 12 所示,抛锚着底后两爪先平衡躺在水底,由于在锚冠四周设有突缘,迫使猫爪的爪尖转向水底,猫爪与水底成一定的角度,在锚链拖曳下,爪尖支持在水底,而使锚冠逐渐升起,然后两锚爪在锚重及锚链拉力作用下逐渐啮入泥土,直到锚抓力与锚链拉力达到平衡为止。

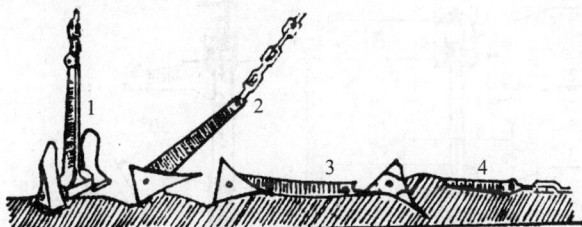

图 3 - 12　普通无杆锚抓底过程示意图

3. 大抓力锚

丹福氏锚(燕尾锚)如图 3 - 13 所示,是一种比较成功的大抓力锚,它的两爪比较靠拢,在锚冠处设置了锚横杆,对多种底质都有适应性。其抓重是海军锚的三倍,在一般情况下,

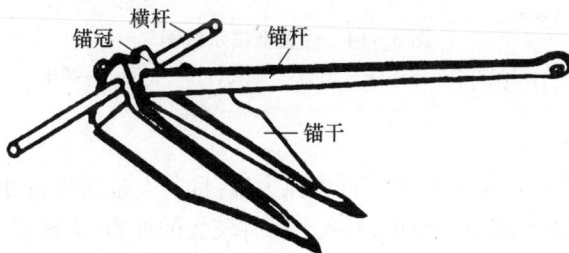

图 3 - 13　丹福氏锚示意图

抓重比不小于10,其折角为30°。其缺点是由于要增加抓力,致使锚爪较宽,因此锚爪强度较弱,一般选用高强度钢制造,被广泛用作退滩锚、深水锚和定位锚。

LWT锚即美国海军用的轻量型锚,如图3-14所示。其锚爪长,且宽而平,因而具有很大的抓力。它具有长的锚横杆及长的锚杆,因而稳定性好。此外,其最明显的特征就是具有掘泥板和锚冠开口,使它入土容易,因此锚的性能受海底质的影响较小。掘泥板的两侧板夹角为60°,侧板与锚爪成30°。掘泥板的边缘呈尖状,板容易插入泥土,抛锚后掘泥板先于锚爪插入泥土,因而产生一个使锚爪转动的力矩,使爪迅速入土。掘泥板入泥土而掘起的泥土,通过锚冠开口脱离,不会在锚冠内积聚,阻碍锚爪的转动。因此这种锚在国内外各种大型运输船舶和舰船上得到广泛使用。

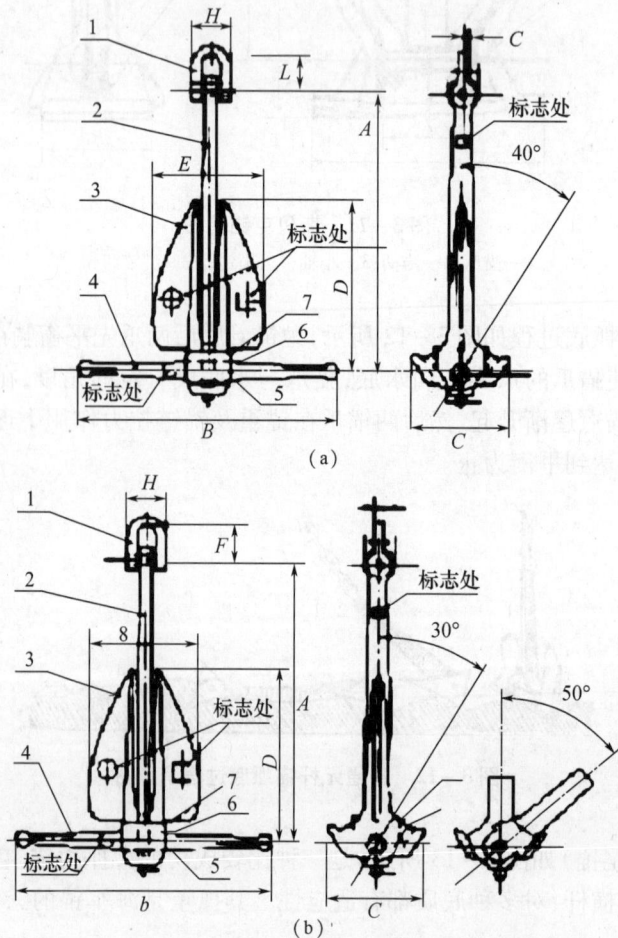

图3-14 轻量型锚示意图

1—锚卸扣;2—锚柄;3—锚爪;4—锚横杆;5—垫圈;6—插销;
7—小链;8—楔块;9—螺栓

史蒂文锚是荷兰研制的新型锚,为有杆大抓力锚,目前大量用作石油钻探平台的定位锚,如图3-15。史蒂文锚的锚爪短而面积大,入土后有较大的抓力,为锚重的17~34倍,由于锚爪质量约占锚总质量的70%,且具有25%~42%的质量集中在锚的爪端部,加上爪尖锐利,故入土性能好,锚杆上装有可移动的折角,能适应多种底质;锚头翼板具有挡泥的作用,在拖曳锚时,它会产生一个很大的使锚爪向下转动的力矩,从而使爪深深地啮入土中。

图3-15 史蒂文锚示意图

波尔锚是荷兰研制的一种无杆锚,如图3-16。锚爪平滑而锋利,可适用各种底质,它与其他相同的无杆锚相比,稳定性可提高30%~50%,锚冠部的特殊设计使得锚爪啮入一定深度后便不再继续下插,致使抛、起锚均较方便;抓力大,与其他无杆锚相比,在相同抓力下,锚重可减轻25%~40%,通常情况下,锚重比可达6倍左右。波尔锚可用作大型船舶的艏锚和工程船的定位锚,特别是在挖泥船上得到广泛的应用。

AC-14型锚是20世纪50年代后期由英国海军部引进的一种无杆锚,其明显的特征是具有极其肥大的稳定杆,因此具有良好的稳定性,如图3-17所示。它能迅速入土,对各种地质的适应性较强,在不同地质下,其抓重比范围为2.4~12。此种锚在抓重比为14时,仍然具有适当的强度,是目前公认性能较好的一种锚型。由于其形状特殊,当入土时,产生阻尼力,使得锚链也埋入土中,产生阻力。因此,使锚产生最大抓力时,不要求锚索与水底相切,因而可以缩短所需锚索长度。其通常用作艏锚,也常用作工程作业船舶的工作锚。

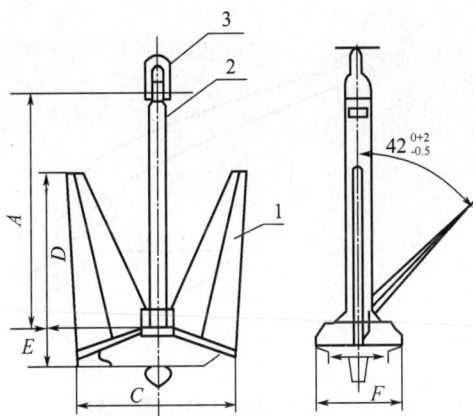

图3-16 波尔锚示意图

1—锚爪;2—锚柄;3—锚卸扣

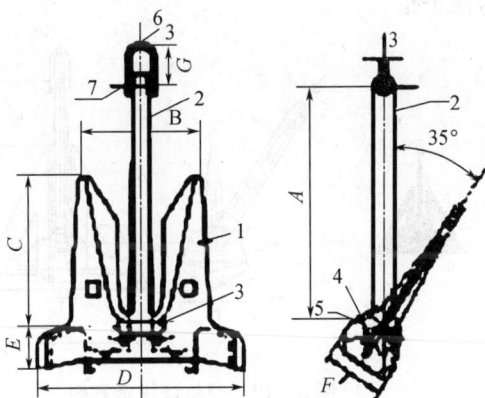

图3-17 AC-14型锚示意图

1—锚头;2—锚柄;3—小轴;4—横销
5—封头;6—锚卸扣本体;7—锚卸扣横销

4.特种锚

通常是浮筒、灯船、航标船、航标等永久系泊用的锚。有伞型锚、螺旋锚、单爪锚,如图

3—18所示。

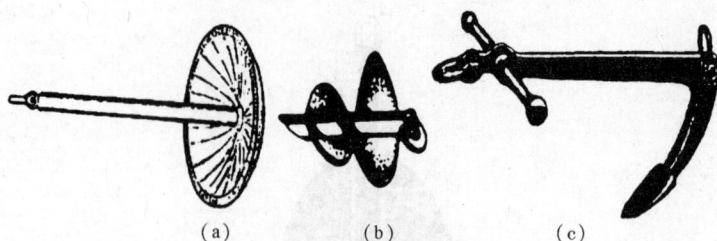

图 3—18　特种锚

(a)伞型锚;(b)螺旋锚;(c)单爪锚

二、游艇用锚

游艇选用锚的原则是以轻便为主,因此主要选用铝制锚及大抓力锚。

游艇用的锚有丹福尔锚、布鲁斯锚、犁型锚、折叠锚、三角锚、四爪锚和波日特等。现主要介绍以下几种常用的锚。

1. 德尔塔锚(Delta)

它是一种多功能锚,外形如图 3—19 所示,锚爪尖锐,锚头较大。优点是锚安装在船头,有很好的抓重比,操作迅速。缺点是船舶摆动时有可能导致走锚(此时需重新抛锚)。锚抓面相对较小,在松软泥土底质表现糟糕,收藏时锋利的锚杆边缘容易摩擦受损。

2. CQR 锚

它也是一种多功能锚,外形如图 3—20 所示。优点是锚柄处采用铰链设计,船舶可以摆动,锚爪前端特意加重,有利于锚的复位。缺点是收藏时由于有铰链,锚容易在船头滚轮上摆动摩擦(因此有必要固定住)。CQR 锚的价格高,相对抓力来说本身太重(不过可以避免别人的模仿)。锚爪抓深部分依赖锚重,25 磅以下小号锚常常起不到效果。可移动部分会卡住手指。

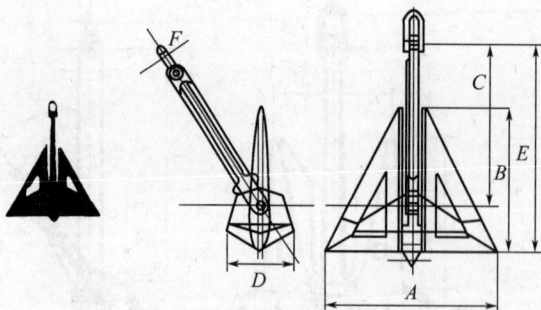

图 3—19　德尔塔锚示意图

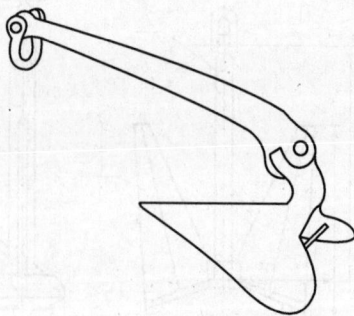

图 3—20　CQR 锚示意图

3. Fortress 铝制锚

丹福尔锚风格,质量小,适用于各种土质。优点是直线抓力大,在泥地地质表现最好,抓重比特别大。缺点是完全不适用于岩石或者水草地质。一侧过重时,锚杆容易弯曲,因此最好花钱买一个抗拉强度高的锚。锚松动时很少能复位,收藏麻烦,可移动部分可能会带来危险。

4. Manson Superme 锚

作为一种新兴产品,Manson Superme 锚是一种"双重锚杆"的固定锚,有两种不同的配置可供选择。一种配置适应岩石和珊瑚礁底地质,一种配置适应沙地和泥地地质。锚杆中有一狭长的缝隙,万一碰到阻碍,可以让锚"倾翻"。不过,最显著的特征应该是自动修正保护杆,有助于锚迅速抓地,是一款真正的全能锚,有镀锌和不锈钢两款可供挑选。优点是操作迅速,抓持底质深,功能全面,广受好评。缺点是新产品的价格很高。

5. 布鲁斯锚(Bruce)

布鲁斯锚是多功能锚/岩石底质锚(用于固定海上钻井井架),外形如图 3－21 所示。优点是收藏方便、迅捷,抓重比好,可复位性能好。缺点是锚爪容易抓住石头而不能使用,要把它装进甲板上的储藏柜困难不小。

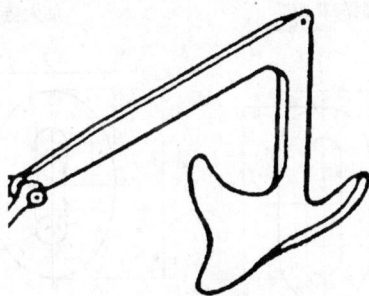

图 3－21　布鲁斯锚示意图

第三节　锚　　索

一、锚链的种类

1. 按链环结构可分为有挡链和无挡链两种。有挡链的强度比无挡链约大 20%,海船广泛采用。

2. 按制造方法可分为焊接、铸钢和锻造锚链三种。焊接锚链由圆钢材料加工焊接而成。工艺先进、简单,制造成本低,质量超过其它种类锚链,海船广泛使用。铸钢锚链由合格的钢水浇铸而成。强度较高、刚性好、撑档不会松动和使用寿命较长,但制造成本较高、锚链耐冲击负荷差。锻造锚链工艺复杂、成本高,商船基本不用。

3. 按公称的抗拉强度可分为 AM1,AM2,AM3 三级。强度 AM1 < AM2 < AM3,AM1 不适用大抓力锚,AM3 仅适用链径 20.5 mm 以上的锚链。

二、电焊锚链的组成

电焊锚链是由链环所组成的,链环是锚链的细胞,组成锚链的链环主要有以下几种:有挡普通链环——C;加大链环——EL;末端链环——E;连接卸扣——JS;肯特卸扣——KS;转环——SW;无挡普通链环——L。

各种链环形状和尺寸如图3-22所示。其中 d 为制造锚链的圆钢直径。一根完整的锚链由若干节链节所组成,链节是锚链的基本单元。锚链的链节又分为锚端链节、末端链节、中间链节三种,其中锚端链节是与锚相连而末端链节与弃链器相连。那么,一根锚链是由一个锚端链节和一个末端链节加上若干个中间链节所组成。

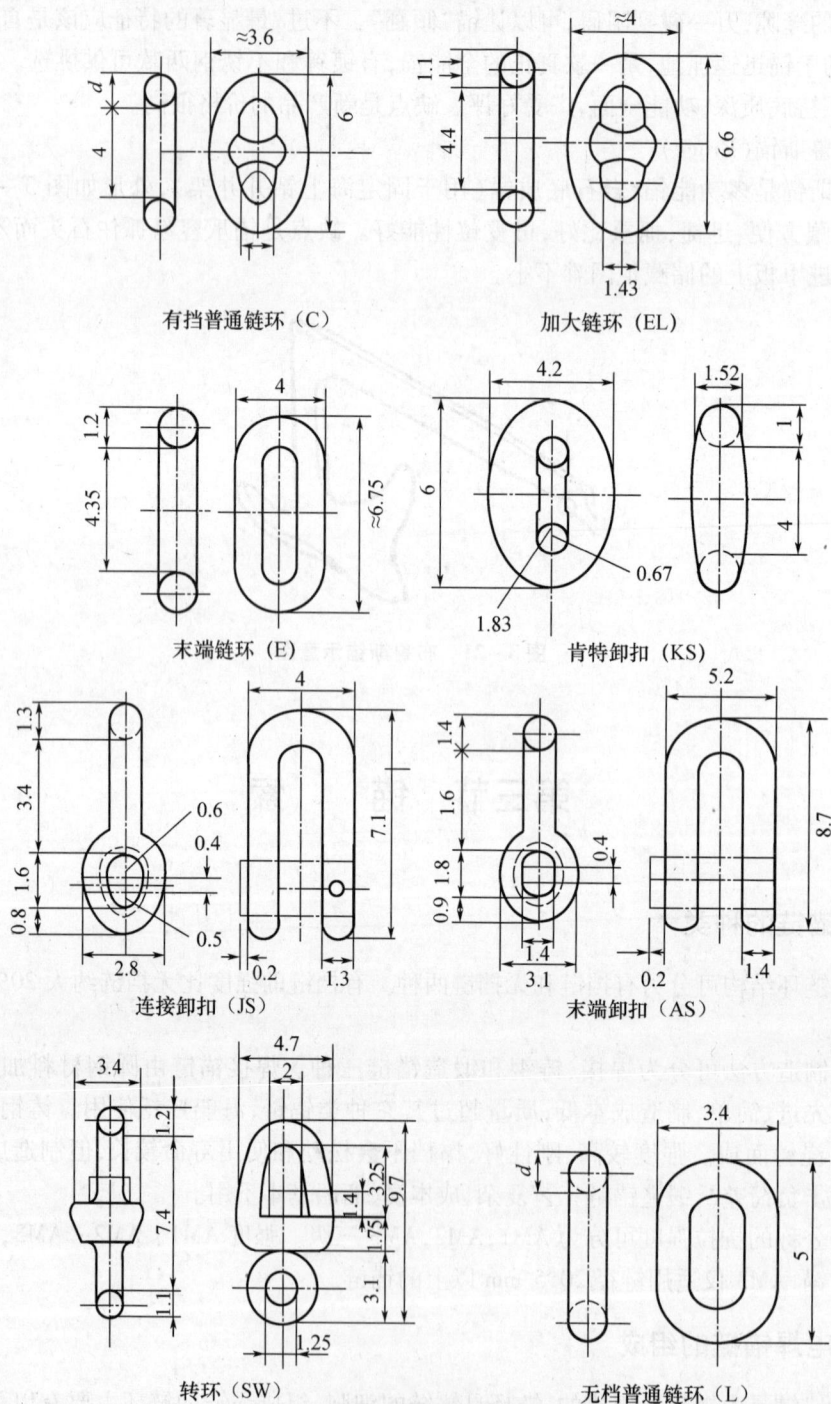

有挡普通链环（C）　　　　　　加大链环（EL）

末端链环（E）　　　　　　肯特卸扣（KS）

连接卸扣（JS）　　　　　　末端卸扣（AS）

转环（SW）　　　　　　无挡普通链环（L）

图 3-22　链环附件尺寸和型式示意图

注:图中所有数字均表示普通链环公称直径斜的倍数。

由于现代船舶按船级社规范配置的锚链长度均为 27.5 m 的整数倍,因此在锚链配套时,除中间链节长度通常为 27.5 m 外,锚端链节和末端链节的长度最好也是 27.5 m。锚端链节在27.5 m 的长度内不包括末端卸扣。图 3-23 和 3-24 是这几种链节的典型配置方式。

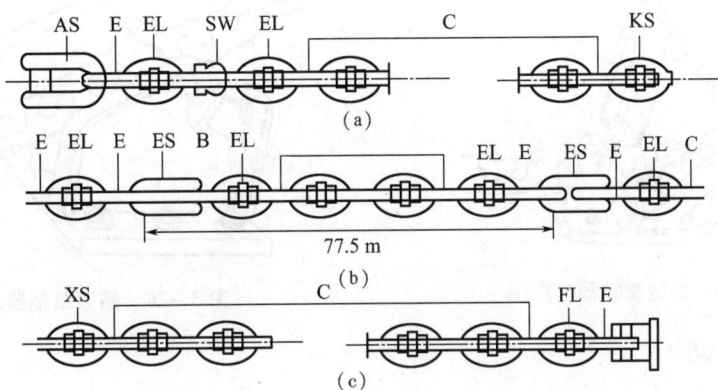

图 3-23　肯特卸扣连接链节配套方式示意图
(a)锚端链节;(b)中间链节;(c)末端链节

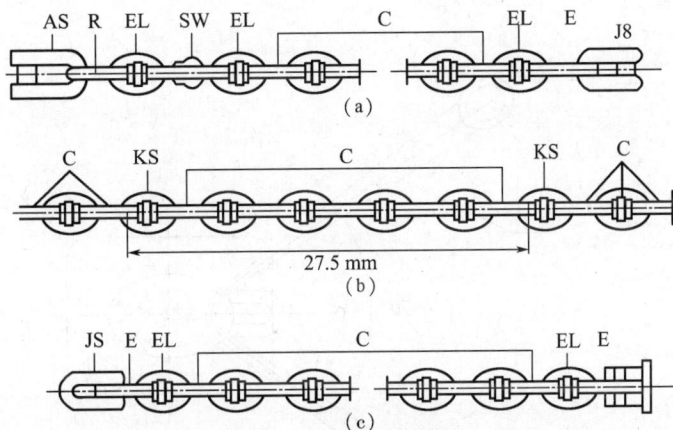

图 3-24　连接卸扣连接链节配套方式示意图
(a)锚端链节;(b)中间链节;(c)末端链节

第四节　锚的止、导、储、控设备

一、掣链器

掣链器设置在锚机和锚链筒之间。其作用有:①固定锚链,防止锚链滑出;②将锚和锚链产生的抓力直接传递至船体,以减轻锚机负荷,保护锚机;③航行时承受锚的重力和惯性力。

常用的有螺旋制链器和闸刀式制链器。其中,螺旋掣链器如图 3-25 所示,设有一对加紧锚链的夹块,并配有操纵螺杆,可使夹块同时收紧或放开,结构较复杂。螺旋掣链器动作较慢,但操作方便,工作可靠,所以在大中型船舶上广泛采用。闸刀掣链器如图 3-26 所示,是利用闸刀卡住通过导槽的垂直链环止住锚链,结构简单,使用方便。我国造船行业目前使用的闸刀掣链器适用于直径为 12.5 ~ 68 mm 的锚链。

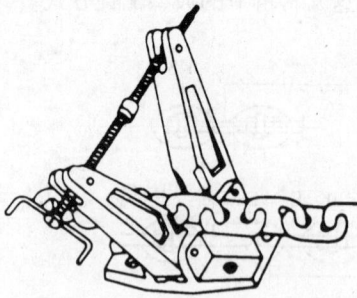

图 3 - 25　螺旋掣链器示意图

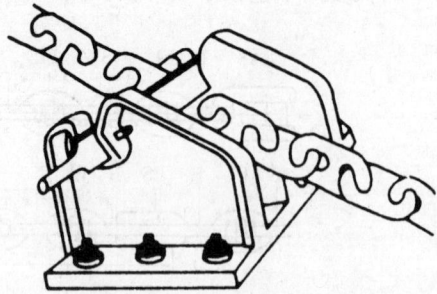

图 3 - 26　闸刀掣链器示意图

二、掣锚器

掣锚器为船舶航行时紧固锚的装置。我国造船行业目前常用的掣锚器有三种形式,即掣锚索、掣锚链条和掣链结构。

掣锚索如图 3 - 27 所示,使用时钢丝绳穿过链环拴在系绳柱上,然后收紧螺旋扣将锚拴住。其使用锚质量为 500 ~ 12 300 kg。

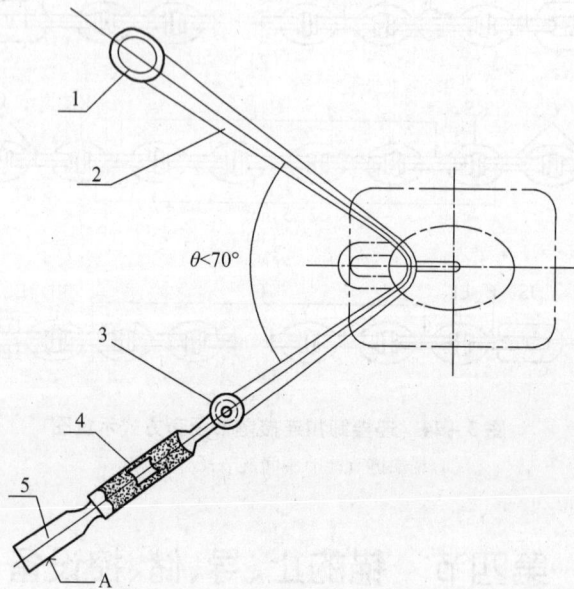

$\theta < 70°$

图 3 - 27　掣锚索示意图

1—系绳柱;2—钢丝绳;3—小滚轮;4—开式索具螺旋扣;5—眼板

掣锚链条形式如图 3 - 28 所示,使用时链条从锚卸扣或末端链环处穿过,同脱钩连接,然后收紧索具螺旋扣将锚拴住。其使用锚质量为 100 ~ 2 850 kg。

掣链钩如图 3 - 29 所示,使用时叉钩扣住锚链,然后收紧索具螺旋扣将锚拴住。其使用的锚链直径为 13 ~ 67 mm。

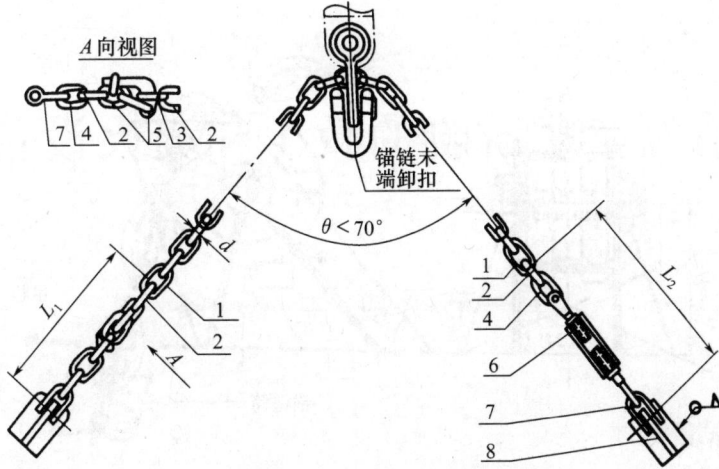

图 3 – 28 掣锚链条示意图
1—小链环;2—中链环;4—大链环;5—脱钩;
6—开式索具螺旋扣;7—卸扣;8—眼板

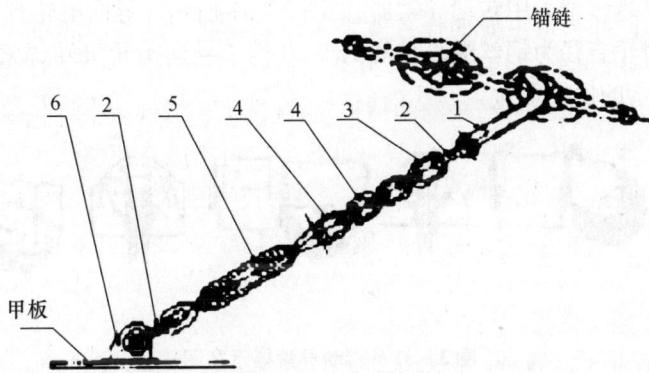

3 – 29 掣链钩示意图
1—叉钩;2—卸扣;3—末端链环;4—普通链环;5—开式索具螺旋扣;6—眼板

三、锚链管

锚链管是锚链出入链舱的通道。设置在锚机链轮的下方,以引导锚链出入锚链舱。目前锚链管多用钢板焊接而成,上下管口需要扩大。上管口常设有盖,以防大量海水进入锚链舱;下管口常焊一个半圆的加强钢环。锚链管直径为链径的 7 ~ 8 倍。其中,锚链管盖主要是防止航行中遭遇大风浪时的上浪,将大量的水灌入锚链舱。

四、导链滚轮

导链滚轮设置于锚链筒甲板出口处,如图 3 – 30 所示,用于限制锚链的运动方向,使锚链在同链轮轴线垂直的情况下通过链轮。导链滚轮的安装使用应使锚链通过锚链筒时不会同伸出在甲板的锚链筒口发生摩擦。

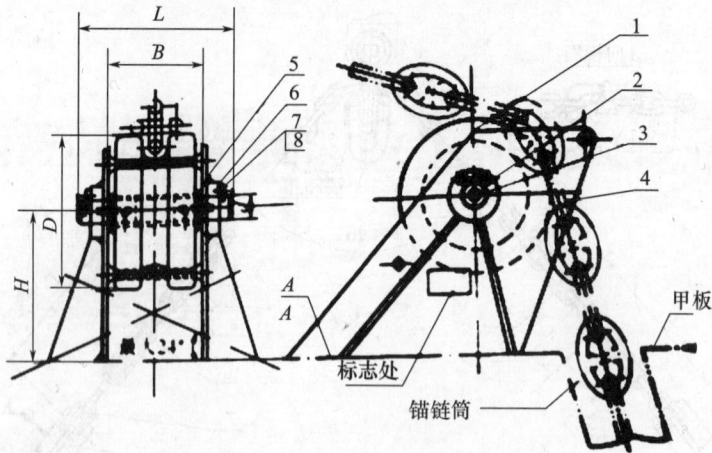

图 3 – 30　导链滚轮示意图
1—滚轮;2—销轴;3—直通式油杯;4—支架;5—衬套;6—制动板;7—螺钉;8—弹簧垫圈

五、转动导索器

设置多点锚泊定位系统的海洋工程作业船舶(如起重船、打捞船、挖泥船等),其锚索的导向装置已经越来越多地采用转动导索器,如图 3 – 31 所示。导向滑轮直径大,通常用于钢丝绳锚索的导向滑轮直径为钢丝绳直径的 16 ~ 20 倍。导向滑轮可随锚索方向的变化而摆动,从而提高了锚索的使用寿命。

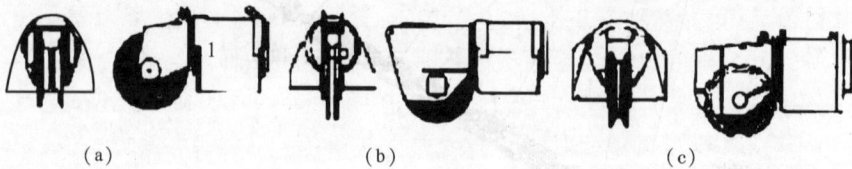

　　(a)　　　　　　　　　　　(b)　　　　　　　　　　(c)

图 3 – 31　转动导索器示意图
(a)水平安装的导链器;(b)水平安装的导缆器;(c)水平安装的组合锚索导索器

六、锚链筒

锚链筒在船舶起、抛锚时作为锚链的通道,而在船舶航行时用于收存锚。通常只有无杆转爪锚(霍尔锚、斯贝克锚)才能收存于锚链筒中。艏锚的锚链筒设于船舶首部的两舷。其上端出口位于主甲板或艏楼甲板上,下端出口位于船外板上,成倾斜状态,因而称之为倾斜式锚链筒,船舶设有艉锚时,其锚链筒通常设在艉部船体中心线处,形式同艏部锚链筒相似。

锚链筒按其对水面倾斜的程度基本上可分为陡削式和平斜式两种。陡削式锚链筒用在干舷较大或有艏楼的航速不高的民用船舶。陡削式锚链筒的优点就是在收锚时能顺利地将锚拉近锚链筒,因此使用广泛。对于无艏楼的干舷较小且航速较高的船舶,为了方便锚侵入水中,必须采用平斜式锚链筒。它同陡削式锚链筒相比,锚链筒的内径应适当加大,尤其在舷侧出口处锚唇的型线应予特殊考虑。

锚链筒上方一般设置有锚链筒盖。其作用有:防止航行中遭遇大风浪时的上浪;锚泊和靠泊时,防止窃贼沿着锚链爬上来;防止船员意外掉落到锚链筒内(有些船在锚链筒周围无栏杆保护)。

客船、油船、港口船、拖船、供应船和渔船等,由于工作性质经常用艏部靠其他船舶或码头。为了防止突出在船外的锚链筒造成其他船舶或码头的损坏,这类船舶设置锚穴,使锚不突出在船外。锚穴的型式有明式和暗式,明式锚穴可看到整个锚爪,如图 3 - 32 所示;暗式锚穴只能看到锚头的断面,如图 3 - 33 所示。

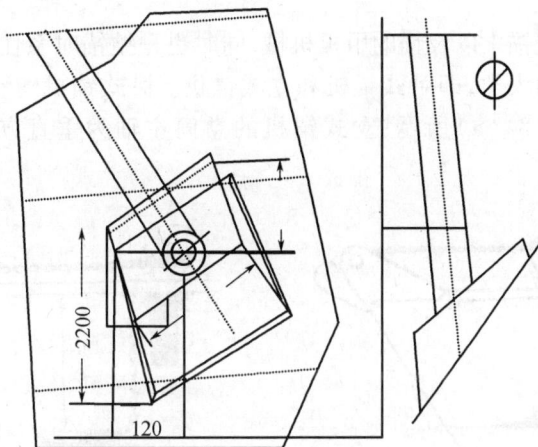

图 3 - 32 明式锚穴示意图

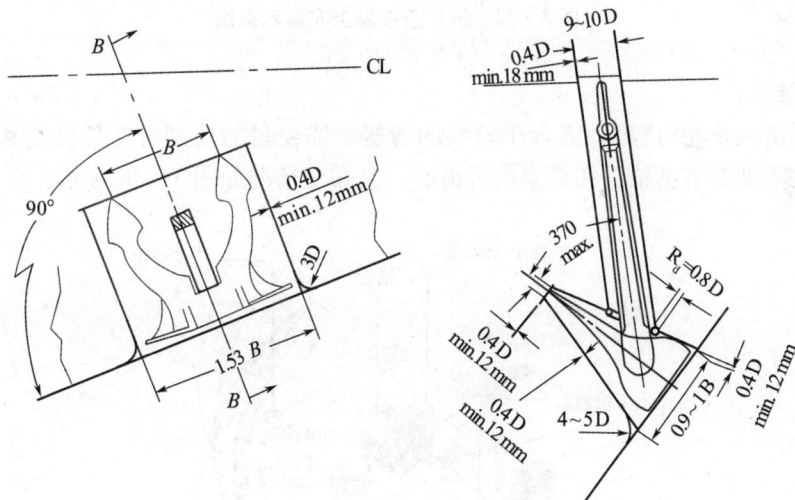

图 3 - 33 暗式锚穴示意图

D—锚链直径;B—锚爪尖的距离;X—锚重为 210 ~ 1 740 kg

尺寸是 150 mm,大于 1 920 kg 的锚按锚结构尺寸确定

七、锚链舱

锚链舱位于锚机下方,用以存放锚链。锚链舱用个纵向隔壁分成左右两半,分别收存两根锚链。在隔壁上应开有踏脚孔,并在隔壁顶上留有 1.2 ~ 1.8 m 的开口,供船员出入锚链舱进行清洁保养工作。

锚链舱底部设有污水井,使锚链带入的泥沙污水聚积其内,有泵抽出舱外,舱底须铺衬厚的木板,或覆盖水泥垫层并将锚链搁置在水泥层上的钢条格栅上,以免舱底直接受到锚链的打击。

第五节　锚　机

锚机是放出或收进锚索以及锚的甲板机械,同时也是抛锚时系住船舶的装置锚机。按其主轴的方向可分为两大类,即卧式锚机和立式锚机。卧式锚机的卷筒主轴水平方向,其在艇上的布置如图3－34(a)所示;立式锚机的卷筒主轴为垂直方向,其布置情况如图3－34(b)所示。

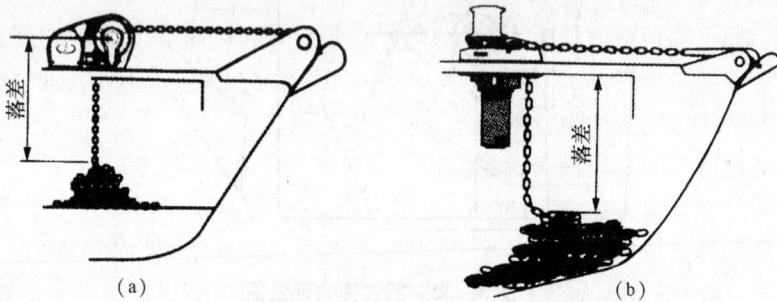

图3－34　锚绞盘在艇上布置示意图
(a)卧式;(b)立式

1.卧式锚机

卧式锚机功率相对较大,适合于较大的游艇。锚绞盘的控制可在驾驶室和舷旁进行。锚绞盘的底下便是容纳锚链和锚索的锚链舱。其布置情况如图3－35所示。

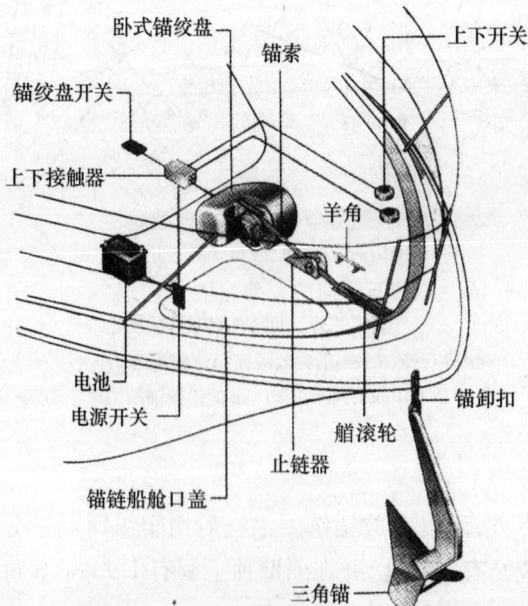

图3－35　卧式锚机艇上布置示意图

2.立式锚机

立式锚机又称起锚绞盘,按其动力源可分为人力、电动和液压绞盘。其特点是除了链轮外,其他设备均可设置在甲板以下的舱室内,故占甲板面积小,其他设备又免遭风浪的侵蚀,一般用于小型游艇。一些游艇为了节省甲板面积常采用这种形式。还有一些游艇为了美观,把小型锚绞盘、锚索等一套设施隐藏在甲板下面的夹层中,在驾驶台操纵或遥控操纵,但必须在甲板上设置检修孔。

锚机按照驱动方式分为人力、蒸汽、电动及液压。其中人力锚机结构简单,占地小,常在小船上采用或作其他船的备用锚机。蒸汽锚机目前在新造船上很少使用,但船舶的主机舵采用内燃机,不设主锅炉,而且蒸汽锚机需要铺设很长蒸汽管路,制造安装工艺复杂。但在油船上采用蒸汽锚机有利于防火防爆。而电动锚机管理方便,结构紧凑,目前使用较为普遍。液压锚机与电动锚机相比,在同样的功率下,具有体积小、质量小的优点,而且运动平稳,能实现无极调速,能自动防止过载及便于遥控等。

选择何种形式的锚机要根据船舶的类型、大小等各种因素综合考虑。

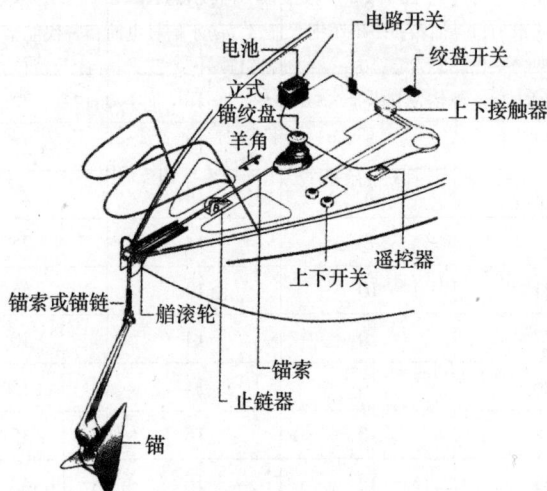

图3-36 立式锚机艇上布置示意图

第六节 按船级社规范配备游艇的锚设备

随着游艇行业在我国的兴起,我国船级社也颁布了《游艇建造规范》及《游艇技术规则》,本节内容就是按照这两个规范得来。

一、锚设备的一般要求

1.锚泊和系泊设备的配备应适合游艇预期的营运条件和结构型式。

2.不锈钢和铝合金材料制造的锚将根据设计的实验符合予以特殊考虑。

3.对纤维增强塑料游艇,锚设备在游艇上的存放应避免对艇体的损坏。

二、船舶锚设备的配置

每艘 20 m 以下的游艇至少配置一个大抓力锚作艏锚,其质量由游艇总长和水线长的平均值查表 3 – 1 取值,再乘以如下系数决定:A 类艇:$k = 1$, B 类艇:$k = 0.9$,C 类艇:$k = 0.85$,D 类艇:$k = 0.8$。

表 3 – 1　锚泊及锚链系泊索

$(L_{\mathrm{oa}} + L)/2$	锚	锚链直径		纤维系泊索	
m	质量/kg	链/mm	索/mm	长度/m	破断力/kN
6	5	6	10	22.5	25
7	6	6	10	22.5	25
8	7	6	10	22.5	25
9	9	8	12	22.5	25
10	10	8	12	22.5	25
11	12	8	12	25	30
12	15	8	12	25	30
13	17	8	14	25	30
14	19	8	14	25	30
15	21	10	14	25	30
16	23	10	14	30	30
17	26	10	14	35	32
18	28	10	16	35	32
19	31	12	16	40	32
20	34	12	16	40	32

当游艇由于高干舷、大上层建筑或甲板装备而具有异常的大风力修正时,锚的质量按照上述表格计算出来的值要予以增加。如果选用的是非大抓力锚,则其质量应不小于上述规定的 1.3 倍,但锚链直径无须增加。另外,对于 20 m 以上的游艇,其配备的大抓力锚的质量应不小于根据下面计算舾装数按照 3 – 2 表查得的值。

舾装数　　　　　　$N = \left[\Delta^{2/3} + 2(BH_C + \sum S_i \sin\theta_i) + 0.1A \right]k$

式中:

Δ——满载排水量,t;

B——艇宽,m

H_C——干舷高度,船中从夏季载重线量至上甲板或舷侧顶列板上缘,m;

S_i——宽度超过 $B/4$ 的各层甲板室的前壁在横截面上投影面积,m²;

θ_i——宽度超过 $B/4$ 的各层甲板室的前壁与水平面的夹角,°;

A——满载水线以上的艇体和宽度超过 $B/4$ 的各层甲板室的侧投影面积,m²;

k——系数,按营运限制取值:

沿海航区营运限制:$k=1.5$;

遮蔽航区营运限制:$k=1.0$。

表 3-2　游艇的舾装数与锚泊设备

舾装数 N		首锚	锚链直径		锚链或锚索		纤维系索
超过	不超过	大抓力锚质量/kg	AM1/mm	AM2/mm	长度/m	锚链或锚索的破断负荷/kN	长度/m
—	5	12	8	8	75	29.4	2×22.5
5	10	12	8	8	75	29.4	2×22.5
10	15	12	8	8	75	29.4	2×25
15	20	20	8	8	75	29.4	2×25
20	25	25	8	8	84	29.4	2×25
25	30	31	8	8	87	29.4	2×35
30	35	37	8	8	90	29.4	2×40
35	40	43	8	8	93	29.4	2×40
40	50	51	8.5	8	97	29.4	2×40
50	70	67	9.5	8.5	105	38.3	3×40
70	90	90	11	9.5	113	50.8	3×50
90	110	112	12.5	11	121	63.3	3×55

如配置的锚为非大抓力锚,则其质量应不小于上述规定质量的 1.3 倍,但锚链直径无须增加。

关于锚链的配置,《游艇建造规范》有这样一些规定:

(1)附于一个锚上的锚索长度适宜与游艇的航行区域,但一般对于艏锚均不宜小于游艇总长的 4 倍或 30 m,取大者。

(2)锚链可以采用锚链或锚链加锚索,但可采用全部采用锚索。

(3)当锚索采用纤维绳索或钢丝绳索时,应确保其破断负荷与应配备的锚链的破断负荷相等。

(4)与锚机构成一体的锚泊系统应有系固与艇体结构的锚索的固定端,并能在紧急情况下能予以释放。

(5)当采用钢丝绳作为锚索时,纤维/钢丝绳索的两端应插节眼环。

复习思考题

1.锚设备有什么作用?

2.船舶有哪几种锚泊方式?

3.游艇进行锚泊作业时需要注意哪些问题?

4. 船用锚是怎样进行分类的？

5. 游艇常用的锚有哪些，其各自特点是什么？

6. 组成电焊锚链链环有哪几种？

7. 锚链组成规律是什么？

8. 怎样按规范配备游艇的锚设备？

9. 锚设备的组成部分有哪些，分别有什么作用？

第四章　游艇的系泊设备

第一节　概　述

除了抛锚停泊以外,系缆停泊是船舶另一种主要停泊方式。系缆停泊就是利用系缆设备将船舶安全、牢固地系结于码头、浮筒、船坞或其他船上。凡保证船舶安全可靠地进行系缆作业的装置和机械就是系泊设备。

一、游艇的停泊

游艇的停泊可分为陆上放置和水上停泊两种,各具特色与优势,艇主可以依需求选择。水上停泊大多位于游艇港或部分环境较好的休闲渔港内的船席泊位;陆地放置则在平地或艇库(立体艇库)停放,除非自己有空间给船停放,不然所有停船泊位都要付费。

在西方国家陆地停放游艇占主流。欧美国家80%的游艇都是停放在陆地上面,特别是7.5 m以下的小型游艇大都停放在院里屋旁。7.5 m长的游艇,西方国家的交通法规是允许由拖车载着游艇合法地行走在陆地的大街小巷的。例如在美国,中低产阶级人士拥有90%的小游艇,这些游艇绝大部分停放在陆地的停车场、车库、空地、立体艇库,甚至街边路旁。

在美国,游艇拖车是不可缺少的游艇消费辅助工具。在美国的存量游艇当中,平均10艘游艇就有八九辆游艇拖车配备,几乎达到每艘游艇配套一辆游艇拖车。当然。对于那些80英尺以上的大型游艇,则很难离开水面停放,但是大型游艇也只是占总量的2%左右的存放数字。所有中小型游艇都离不开游艇拖车这个必不可少的水上运动辅助工具。

大部分船主在购买游艇时就连同游艇拖车一起购买,然后拖回家里,停放在房前屋后,或者摆放在附近的停车场里,消费娱乐时就将船用游艇拖车拖到水边放到海里,游玩完毕则再用游艇拖车拖回家里摆放。美国经济发达,城乡没有什么差别,许多中产阶级大都居住城郊乡村里面,他们房前屋后有的是空地,他们购买的游艇都放在院子里,平时还会花些时间来打理,诸如清洁、维护、升级、换件等,有的家庭还会加建房子来专门安放游艇。

一般来说帆船和大型游艇才停泊在水边游艇港内,游艇港设在天然的港湾内,或者建设巨大的人工防波长堤,类似两只抄手臂,把大风大浪阻挡在防波堤外。以保护港湾里的游艇免受常年的风浪拍击。

在游艇港湾内,人们在水面铺设有成排浮箱托承的浮码头,浮码头的两侧有深入海底的水泥钢筋桩柱固定住,潮涨潮落都不会影响到游艇的安全。游艇停靠在浮码头的两侧,水、电、油的管线都铺到每一船艇泊位旁。

游艇港内通常有一到两家游艇会会所来管理港内的游艇。游艇停泊期间使用岸电、岸水,如同陆地别墅里的日常生活一样。平时船东在陆地上班,游艇会有专门的船童帮船主打理一切,包括泊船、洗船、铲蚝、舱室清洁、地板养护、机件保养、缆桩调整和保安看护等。选择游艇会入会购置游艇的优点是:船东比较轻松,可以享有贵族般的待遇;游艇出海玩乐以外的杂事一并交由会所打理;船东可以专心工作和出海;会员可以享受会所的全方位的气象、通信、支援和救难等海事贴身服务。缺点是:入会的门槛高,花费不少;不利于游艇运动的普及。

　　陆地停放游艇,就存在游艇的下水、上岸问题。如果把游艇停在海港内,这一点就不成问题。但是如果船东要把游艇放在岸上,就需要用滑道(斜坡道、曳船道)或是吊车(固定式吊臂)让船下水后,才能出海。滑道主要是利用车辆,将船连同拖船架(游艇拖车)置入水下,待船浮起后即可驶离。吊车可以在没有斜坡道的水边发挥作用,将船吊起后缓缓放置于水面上。怎么下去就怎么上来,当然也可完全委托艇库管家提供协助。

　　本章主要介绍水上停泊的相关知识。

二、系缆的名称和作用

1. 船舶靠码头

船舶靠码头时,其系缆的名称以及布置方式如图4-1所示。

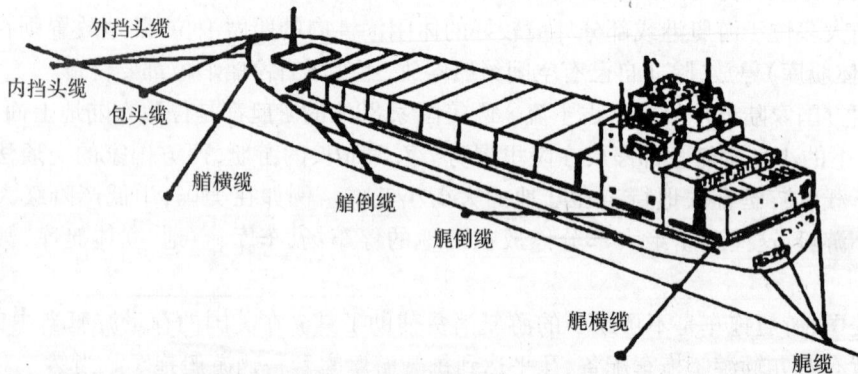

图4-1　系缆的名称及布置

　　其中艏缆用于防止船舶向船尾方向移动,而艉缆用于防止船舶向船首方向移动;艏艉横缆用于防止船舶离开码头,吹大风的时候需要加带此缆;艏倒缆防止船舶向船首移动,而艉倒缆防止船舶向船尾方向移动。一般情况下,船舶至少要用6根缆绳:2根艏缆,2根艉缆,前后倒缆各一根。系缆的具体数量和布置方式还要根据码头地理位置和条件、船舶的长度、当时当地的水文气象条件来决定。

2. 船舶系浮筒

船舶系浮筒时,缆绳有两种名称,分别为单头缆与回头缆,如图4-2所示。其中单头缆是从艏艉方向送至浮筒,至少各两根;钢丝缆用卸扣系在浮筒环上;纤维缆用司令扣系在浮筒环上,强风急流时须增加数量;而回头缆主要是在离浮筒时利用其自行离浮,平时不受力,带好浮筒后应比单头缆松弛些。艏艉各带一根,方法是用一根较长的钢丝缆从艏艉的左舷或右舷送出穿过浮筒环后,再从另一舷拉回船上挂在脱钩上。

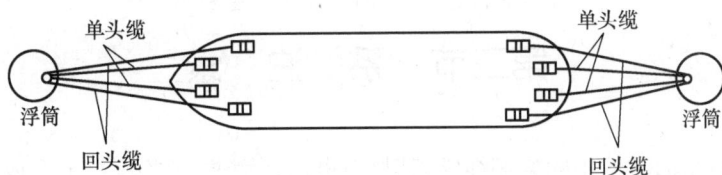

图4-2　船舶系浮筒时缆绳名称

三、船舶的系泊方式

船舶系缆停泊的方式随船只大小、码头情况而定,通常有三种系缆停泊方式。

1. 船舷系泊

舷侧系泊是将船舶舷侧靠于码头或他船进行系结,是最为常见的系泊方式,如图4-3所示。无风浪时只需带艏艉斜缆;若有水流的作用,需加设倒缆;若风和水流的影响较大,为了防止船舶沿岸线以东或离开岸线,在船舶首尾及中部均需设置附加缆;有强烈的潮流和顶风时,尚需抛锚辅助。

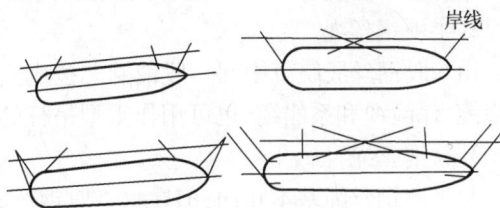

图4-3　舷侧系泊

2. 船尾系泊

一般在码头沿岸线长度受限制的情况下可以采用船尾系泊,如图4-4所示。当多船并列系泊时同时在各船间做横向系结。风和水流较大时在船首抛锚辅助。对于舰艇编队,船尾系泊有利于紧急起航。某些河内船、渡船常采用船尾系泊方式。

3. 艏艉系泊

艏艉系泊是利用艏艉缆将船系结于港内或江中的浮筒上,如图4-5所示。

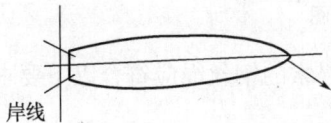

图4-4　船尾系泊

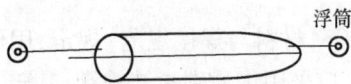

图4-5　艏艉系泊

四、系泊设备的组成

船舶的系泊设备主要由以下部分组成:

系泊索——传递船舶系泊时所受的外力;

系缆器——固定在甲板或外板上,用以系结系泊索的桩柱,是系泊时的船体受力点;

导缆器——供引导系泊索通过、变换方向限制导出位置和避免磨损的器具;

系泊机械——系泊动力机械,用以收绞系泊索;

系泊索卷车——用于收藏系泊索。

第二节 系 泊 索

系泊索是指系泊时使用的柔韧绳索,其材料可以是钢索、植物纤维或合成纤维索。

一、钢丝绳

钢丝绳的特点是强度大、质量轻、使用寿命长,其结构形式如图4-6所示。钢丝绳种类有硬、半硬和软钢丝缆三种。

1. 硬钢丝绳

由6股钢丝股绕着一股钢丝股芯搓成。无油麻芯,是最硬的钢丝绳,操作不便,但强度最大。除用于大桅和烟囱等支索(静索)外,还可用作拖索和系船索。

2. 半硬钢丝绳

由6股钢丝股绕着中间一股油麻芯搓成。强度较大,比硬钢丝软,操作较方便。一般用作拖缆、保险缆和系船缆,也可用作重型吊杆的吊货索。

3. 软钢丝绳

与半硬钢丝绳基本相同,但在每一股钢丝股内还有一股油麻芯,共有7股油麻芯。最柔软,便于操作,强度最小,一般用于系船缆、吊货索、吊艇索及系固等。

其中,油麻芯起衬垫作用,减少内部摩擦;同时增加柔软度,便于操作;也可以防止内部锈蚀,起润滑作用。钢丝绳的软硬不仅与油麻芯有关,与钢丝的韧性及结构形式也有关,同结构类型、同直径的钢丝绳丝数越多越软。

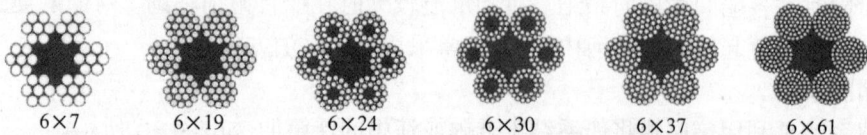

6×7   6×19   6×24   6×30   6×37   6×61

图4-6 钢丝绳的结构形式图

CCS《材料与焊接规范》规定,用作系船索、拖索和艉锚索的钢丝绳应符合以下要求:

1. 应采用优质碳素结构钢,其硫、磷含量应≯0.035%;

2. 钢丝的抗拉强度一般应在1 420～1 570 N/mm²、1 570～1 770 N/mm² 或1 770～1 960 N/mm² 的范围内;

3. 应采用全镀锌的钢丝绞制成。

通过研究发现钢索的弯曲半径过小时,其强度会受到很大损失,因此在设计和选用绞车卷筒和导缆器等设备时,必须有适当的直径或表面弯曲半径,以避免钢丝绳弯曲时发生强度损失。钢索建议的最小弯曲半径比为12,但目前常用的一些标准采用6～6.5。

在使用钢丝绳时需要注意以下几个方面:

1. 在钢丝绳10倍直径长度内发现断丝超过5%或有显著变形、磨损和锈蚀时应换新;

2. 钢丝绳不应有扭结、急折,系缆时弯曲处应有6倍钢丝绳直径以上的弯曲半径;

3. 发现钢丝绳锈蚀,其使用强度应降低30%;

4. 一根钢丝绳不能同时出两个头使用。

5. 用完后,钢丝绳应整理卷好在缆车上,罩好帆布罩。平时应对转动部分定期检查和涂油防锈。使用系缆卷车时,应特别注意卷车的转速。松缆时应使用缆车的脚踏刹来控制速度,不能用手来制止缆车的转动,以免发生危险。

二、纤维缆

纤维缆有植物纤维缆和合成纤维缆两种,由于其较钢丝绳而言具有质量小、柔软性好、抗腐蚀性强等优点,因此在船舶上使用比较多,特别是游艇。纤维缆应由 CCS 认可的工厂制造,并应符合 CCS 接受的有关标准。

1. 植物纤维缆

白棕绳、棉麻绳及油麻绳三种。

2. 合成纤维缆

最常用的合成纤维主要有以下几种:

尼龙绳(锦纶绳)　它是化纤绳中强度最大的一种。特点是耐磨,对酸碱和油类等有一定的抵抗能力,但伸长率较大,弹性大,有一定吸水性,耐气候能力较差,曝晒过久强度会下降。

涤纶绳　其强度仅次于尼龙绳,最耐高温和耐气候,适应于高负荷连续摩擦,抗酸、碱和油类能力强,吸水率仅为 0.4%,价格最高。

丙纶绳和乙纶绳　特性相似,即密度较小,能浮于水面,吸水性不大,低温时仍具有足够强度,柔软便于操作。乙纶绳对化学物品抗蚀性最强;丙纶绳耐磨,其破断力为尼龙缆破断力的 51% ~ 66%,是目前船上配备较多的一种缆绳。两种缆绳都不耐热。

维尼龙绳　强度在化纤绳中最小,外表很像棉纱绳,弹性差,吸水性最大,耐油类和盐类物质,耐气候,价格便宜。

纤维索的结构形式比较多样,有 3 股、6 股、8 股及双层编制,如图,4 - 7 所示。6 股索是类似于普通钢索的绞制索,它不像 3 股索那样产生扭结,因此有时被用作系泊索。8 股索,又称四扭编组索,是由成对扭合的股绳构成,基本上与同样规格的 3 股索强度相同。它不会产生扭结,并且要比绞制索耐用,这种索常用作系泊索和船上其他用途的缆索。双层多股编制索即称双编索,内部由许多小股编制的股绳组成,外层同样由许多小股编制成的包复结构构成。由于结构紧密,这种索的强度一般要高于同样直径的其他缆索,它一般用于钢索上的缆尾索。

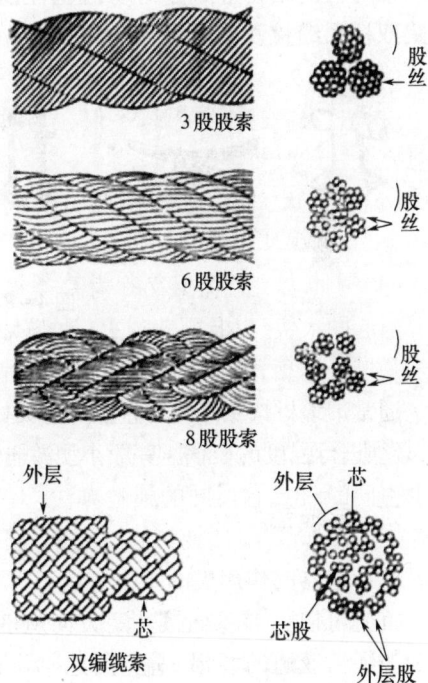

图 4-7　纤维索的结构形式

合成纤维索由于弯曲所造成的强度损失显然不像钢索那样严重。一般对固定表面的,弯曲半径比取 8;对滚动表面的,弯曲半径比取 4。

同样,使用纤维缆时需要注意以下方面:

1.化纤缆弹性较大,上滚筒受力时易突然跳动,操作时应离滚筒远一些(站在卷筒后方1m以上距离处手持缆绳活端),以防弹出伤人。

2.收绞缆绳时,尽量避免绞车空转或打滑(钢丝缆5圈、化纤缆通常4圈),以免摩擦产生高温使化纤绳变质或黏合;存放时应避开高温处;化纤绳头部等易摩擦处用帆布包好。

3.不可与钢丝绳使用同一导缆孔或缆桩。

4.避免接触酸、碱等化学品,以免变质,经常用淡水冲洗,存放时保持干燥。

游艇因为追求质量小,因此系泊索一般选用的是纤维索。

第三节　系泊属具

一、带缆桩

带缆桩是固定在甲板上,用于系泊缆绳的桩柱。当系缆的一端与岸上系结后,便可将系缆拉紧,按8字形式围桩柱3~5圈,便能将系缆固定住。游艇上的带缆桩一般是用不锈钢材料制造的,不生锈,有光泽。

带缆桩的结构形式非常多,有单柱系缆桩、双柱系缆桩、单十字系缆桩、双十字系缆桩、斜式双柱系缆桩及羊角桩等,如图4-8所示。

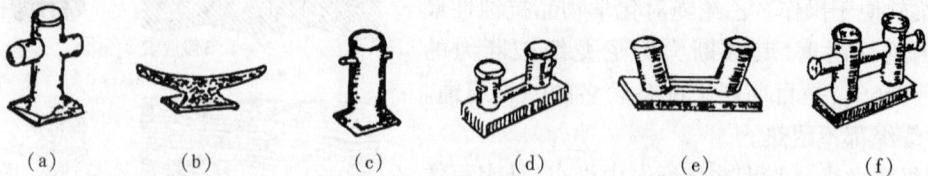

图4-8　各种形式的带缆桩

(a)单十字型;(b)羊角型;(c)单柱型;(d)双柱型;(e)斜式双柱型;(f)双十字型

通常带缆桩按照系缆的直径从有关标准中选取,遇到特殊情况或需要采用非标准带缆桩时,必须进行强度的校核。一般小型游艇选用羊角型的就可以了,大型游艇可选用其他形式。

二、导缆器

1.导缆器的作用

首先可以引导缆绳按一定方向从舷内通向舷外,改变缆绳走向并限制其位置;还可以减少缆绳与舷边的磨损,避免因急剧弯折而增大所受应力。船首尾及两舷都设有导缆装置。游艇的导缆装置也一般采用不锈钢来生产。

2.导缆装置的型式

(1)导缆孔　装在舷墙上的闭孔桩导览器,可供引导系缆用。导缆孔按其安装位置分为舷墙式和甲板式两种,如图4-9所示。游艇一般采用不锈钢材料制造。按照孔的形状有圆形与扁形。扁圆形导缆孔一般用于舷墙较低的情况,通常导缆孔都根据缆绳直径从有关标准中来选取。

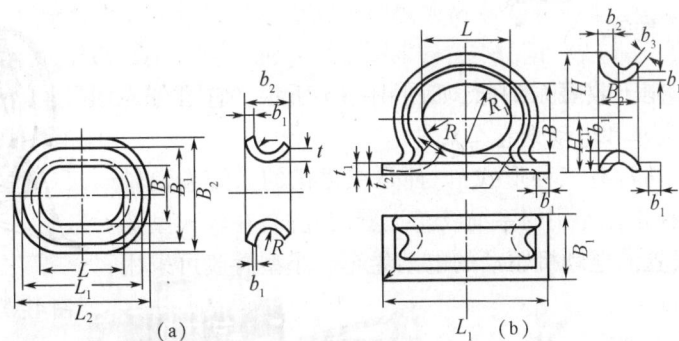

图 4 - 9　普通导缆孔

（a）舷墙式；（b）甲板式

（2）**导向滚柱**　是用在甲板端部及上下两层甲板间,它是由若干个圆柱形滚柱组成,或者是由几个带曲度表面的滚柱组成,如图 4 - 10 所示。

（3）**导缆钳**　有闭式、开式、无滚轮和带滚轮等种类,如图 4 - 11 所示。导缆钳都是铸造的,有整体式和组合式两种。游艇上的导缆设备都采用不锈钢或铝制。大中型船舶都采用带滚轮的导缆钳(可减轻对系缆的磨损)。一般设置在艏艉的舷墙或甲板上。

图 4 - 10　导向滚柱

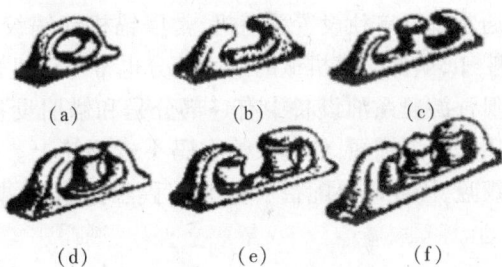

图 4 - 11　导缆钳

（a）闭式；（b）单开式；（c）双开式；（d）单滚柱式；
（e）双滚柱式；（f）三滚柱式

（4）**导向滚轮**　有直立式和水平式两类,一般设置在大中型船首尾部导缆钳或导缆孔与系缆机械之间的甲板上,用以改变缆绳方向或避免缆绳与舷边直接摩擦。导向滚轮通常作为配合锚机或绞缆机绞缆的导缆装置。

（5）**转动导缆器**　又称万向导缆器(孔),其特点是在孔的左右及上下均装设滚轮或滚,如图4 - 12所示,工作条件大为改善。

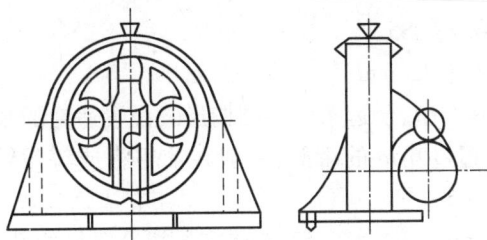

图 4 - 12　转动导缆器

三、系泊索卷车

系泊索卷车用于收藏系泊索,如图4-13所示。它可分为麻索卷车、钢索卷车和电动钢卷车几种。

电动钢卷车通常有三种形式:一种是在锚机的系缆卷筒轴上套装卷筒;一种是在专用的系缆绞车上套装卷筒;在较大型船舶上也有独立设置的电动机驱动的电动卷车。小型游艇可采用手动卷车。

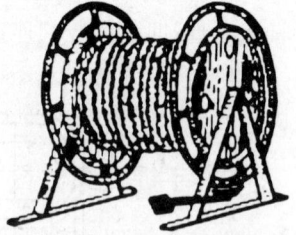

图4-13　系泊索卷车

四、系泊机械

系泊机械是收放系缆用的专用机械,一般有系缆绞盘、系缆绞车和自动系缆绞车。其中自动系缆绞车可根据系缆的受力情况自动调整缆的长度,还可减轻船员的劳动强度,同时使用时不易磨损缆绳,可延长缆绳使用寿命。

系泊机械按动力形式分为电动式、液压式及蒸汽式。

按转轴方向分为卧式绞车和立式绞车。其中卧式绞车占用甲板面积较大,而立式绞车又称系缆绞盘,动力装置一般设在甲板下面,占用甲板面积少,并有利于保护机器。

系泊机械一般在系缆时才使用,在整个船舶营运过程中利用率不高,所以中小型船舶通常都不单独设置系缆机,常以锚机起锚绞盘,甚至起货绞车兼作系缆机械用。较大型的船舶,艏部系缆机械的动力部分也常与锚机合并,只是在艉部才单独设置系缆机械。

游艇系泊设备中有一部分是和锚泊设备通用的,譬如有些锚绞盘是带缆绳卷筒的,可用来绞紧缆绳,使艇系泊在码头或浮筒上。采用舷外挂机的艇或帆船,常常没有装电动锚绞盘,因此需要配备一台小型手摇绞盘。手摇绞盘也可以轻松的转动,收紧缆绳。

第五节　按船级社规范配置游艇的系泊设备

我国船检制定的《游艇检验技术要求》对游艇的系泊设备有以下要求:

1. 对20 m以下的游艇,船舶根据其类型和营运条件配备系泊索,但艇长12 m以上的艇一般至少配备两根系泊索。每根纤维系索应根据艇长及其破断力按表2-1确定。

2. 对20 m及以上的游艇的配备,其长度和破断力负荷应根据舾装数按表2-2查得,但舾装数计算公式中的系数k应按如下取值:

沿海航区营运限制:$k=1$;

遮蔽航区营运限制:$k=1$;

平静水域营运限制:$k=0.85$。

3. 系泊索直径应不小于15 mm。

4. 每艘游艇应根据其类型、营运条件和结构形式设置适量的系缆桩:

(1)艇体总长L_{oa}不超过6 m的游艇,一般在前甲板或等效结构上设置一个系艇桩或羊角;

(2)艇体总长L_{oa}大于6 m的游艇,除在艏柱顶部设置导缆孔或导缆滚轮以外,一般还在后甲板或等效结构上至少设置一个系艇桩或羊角。

5.每艘游艇应设有护舷橡胶及防碰垫等保护设施。

6.游艇应设置被拖带的装置。拖缆长度一般与艏锚锚链长度相同,其直径应不小于其配备锚索的 0.85。

7.结构加强:

(1)凡用以固定锚链、锚索、系艇索、拖索的属具(如系缆桩、羊角、拖住)的安装处下方和附近的艇体结构应予以加强,使之能承受所受的载荷;

(2)如用以固定锚链、锚索、系艇索、拖索的属具采用螺母和螺栓紧固,则在安装处应采用适当的垫圈或复板。

复习思考题

1.游艇有哪两种停泊方式?

2.船舶靠码头时采用哪些缆绳,它们怎样布置?

3.船舶系浮筒时采用哪些缆绳,它们怎样布置?

4.船舶有哪些系泊方式?

5.系泊设备是怎样组成,它们各有什么作用?

6.钢丝绳和纤维缆各有什么特点,使用时分别需要注意哪些问题?

7.我国规范对游艇的系泊设备提出了哪些要求?

第五章　游艇的救生和灭火设备

第一节　救 生 设 备

一、救生设备概述

随着科学的进步,船舶技术也得到了不断的完善和发展,但由于自然因素或人为的原因,船舶海损事故至今还是无法完全避免。因此,海上航行安全问题一直是航运、船舶工程业界所关心的,在设计与建造时都予以充分的考虑。解决这一问题的基本方法是提高船舶的可靠性。如充分合理的船体总体设计和局部设计,改善船舶的航行性能,改进和完善航行设备及对应的防护措施等,已使船舶的可靠性获得了相当可观的效果。在海上航运事业中,发生海难决定弃船时,最重要的任务就是人命的施救。这一问题也一直为各国及国际海事组织所重视,相继出台了 1914 年、1929 年、1948 年、1960 年、1974 年等有关救生设备的规定。我国根据"海上人命安全"公约的精神,也制定了相应的救生设备规范等。

海上航行的长期使用经验说明,一般海难救生应包括准备、登乘、生存、信号与通信、搜寻、营救等六方面的内容。每一项工作都有一定的技术要求,六方面共同组成一个完整的救生系统。但是从船舶必要的装备而言,施救人命的措施有两个方面,其一是通过电信设备进行呼救;另一是在船上设置救生设备。救生设备不是简单提供浮具,救生设备要做到安全、可靠、有效。如保证乘员的生存能力与条件,除了必要的食品、淡水、药品、钓鱼用具外,近来发现低温保护尤为重要。因为人体浸没在海水中存活时间与海水的温度有很大的关系,表 5 – 1 列出了人在不同的水温条件下能够存活的时间。而地球上大多数地区的水温都可能低于 21 ℃,因此,必须考虑低温保护问题。通常人体内的温度低于 35 ℃ 时,会不同程度地出现"低温昏迷"症状,若体温降至 30 ℃ 以下时,多数人就会死亡。

表 5 –1　人在不同的水温下存活的时间

水温/℃	0	4	10	15	21	27
存活时间/h	<1	0.5 ~ 3	1 ~ 6	2 ~ 24	3 ~ 40	不限

二、救生设备的组成及其定额

1. 救生设备

船舶救生设备是用以救助落水人员或当船舶遇难弃船时搭乘乘员而在船上设置的专用设备及其附件的总称。按 CCS 规定,救生设备是指符合《海上人命救生设备规范》规定的定义范畴:救生艇、救生筏、救生浮具、救生圈、救生衣、救生抛绳器和存、登乘、降落装置,以及登艇梯、救助艇、自然灯、烟火信号、火箭、信号降落伞等,它们都必须符合一定的技术条件和规格要求。一切救生设备应保持随时可用的状态,应能在 243 ~ 338 K(−30 ~ 65 ℃)气温范围内存放而不损坏,在 272 ~ 303 K(−1 ~ 30 ℃)的水温范围内正常使用。一切救生设备在有效期内应耐腐蚀,并不因阳光、海水、原油或霉菌的侵袭而影响正常使用。海船的救生设备,在制造前应将图纸及技术文件提交审查,在制造或装船时需进行检验,并根据船舶的航行区域及船舶类型、吨位大小等,有一定的定额配置标准。

2. 救生设备定额

根据航区及船舶的类型,按乘员的总人数,现行 CCS 规范规定了救生艇、救生筏、救生衣、救生圈等的配置数量比例。

所有船舶上每人至少应配备一件救生衣,并应配备供值班人员使用和在远置的救生艇筏存放处使用的足够数量的救生衣,航行于近海或沿海的客船至少应配备等于乘客数 5%的适合儿童穿着的救生衣,或为每位儿童配备一件救生衣。建议近海航区的船舶每艘救生艇和救助艇配备 3 件浸水保温救生衣及 2 件保温用具。

美国游艇协议 ABYC 里面对游艇的救生用具进行了以下的定义:

漂浮装置是设计给人员使用的漂浮装置,协助在水中漂浮使用。个人漂浮装置是指一个人所使用的漂浮装置用以协助在水中浮起,该装置可以穿在身上或以抓握。救生筏是指当弃船逃生时,用以搭载 1 人以上的漂浮装置,其中还包括维持生命的设施。救生浮具是指弃船逃生时,提供用以搭载 1 人以上的逃生救生用具。关于救生用具分类情况如表 5 − 2 所示。

表 5 − 2　游艇的救生用具分类

型式	项目	浮力/LB	叙述说明	穿戴式	抓握式	附记
1	救生具	22 − 32(成人) 11 ~ 18(小孩)	用以使有意识或无意识的人员以稍微后仰的姿势,使得口与鼻不会进水,在汹涌的海浪里能以稳定的方式浮起	是	—	符合 SO-LAS 的要求
2	救生背心	成人最小 16 小孩最小 11 幼童最小 7.25	用以使有意识或无意识的人员以稍微后仰的姿势,使得口与鼻不会进水,在平静海浪中能稳定地浮起,其型式须等于或优于联邦法规标题 46 号的 AK − 1 救生衣	是	—	用以穿戴
3	特殊漂浮装置	成人最小 15.5 小孩最小 11 幼童 7	用以使有意识的人员不用经过挣扎的方式便能以稍微后仰的姿势,使得口与鼻不会进水,在平静的海浪中能浮起	是	—	用以穿戴

表 5 - 2(续)

型式	项目	浮力/LB	叙述说明	穿戴式	抓握式	附记
4	救生圈 马蹄形救生圈 泡棉救生圈 软木救生圈	最小 16.5 最小 20 最小 18 最小 20	用以使有意识的人抓握,支撑防止口、鼻进水	否	是	用以抓握
5	特殊用途装置		本栏中包含特殊用途的装置且能复合其他型的要求,须加以提示清楚其型式以及功能			
6	浮力装置		无法划分为其他型式的救生装置,包括救生带、救生衣以及其他可以提供浮力的装置。该型不可视为主要的救生设施			

同时对于救生浮具还有这样的规定:

(1)无论是刚性还是充气式可浮型材料,都能提供浮力。

(2)无论哪一面朝上,浮力装置都应提供应有的浮力。

(3)该浮具至少提供每个人 32 磅的浮力。假若该装置是供落水人员使用,其额外浮力依所需的比例增加。

(4)充气式救生浮具至少有 2 个以上的隔断,以保证一个隔断漏气或失效的情况下,仍然提供支持所有人的浮力。

(5)该浮具所能搭载的人数不能大于该浮力装置的总浮力除以 32。

三、救生艇的分类

救生艇是在船舶海损弃船时,供乘员撤离失事船舶所乘用的一种特殊要求的小艇,它是船上最重要的设备之一。救生艇能保证全天候可靠航行,所以一般艇长不宜小于 7.3 m(24 ft),特殊情况下可允许减小长度,但不小于 4.9 m(16 ft)。救生艇通常具有尖尾的船型,以保证良好的航海性能。一般载足全部乘员及属具的艇质量不大于 20.9 t,而搭载的人数不超过 150 人。

救生艇的类型较多,按艇体的材料区分,主要有木质救生艇、金属救生艇(钢质、铝合金)和玻璃钢救生艇等。历史上最早出现的是木质救生艇,其特点是不易沉没,浮力较大,抵抗冲击的能力较好,即使有小的损伤,修理亦较容易,成本低且不生锈;但难以保持水密性,易于着火和破损,加之木材消耗量大,且制造工艺复杂,所以目前已很少采用。钢质救生艇(普通碳素钢)是 1949 年前后出现的。钢质救生艇使用年限较长,不燃烧,不因温度、湿度的变化而生裂缝,与木质艇比较,质量较轻,易于水密,虽然容易锈蚀,但仍然采用较多。铝合金(2103 铝美合金)救生艇是 1955 年前后出现的,它不仅有钢质艇的优点,而且质量也大为减轻,锈蚀亦大为减少,见图 5 - 1。但铝和钢或铜在海水中引起电解的作用,使铝消蚀。1957 年前后又出现了玻璃钢救生艇(FRP),如图 5 - 2 所示。其质量轻,强度高,不腐蚀,表面光滑,制造与维修工艺简单、方便,并能经久耐用,目前已广泛采用。

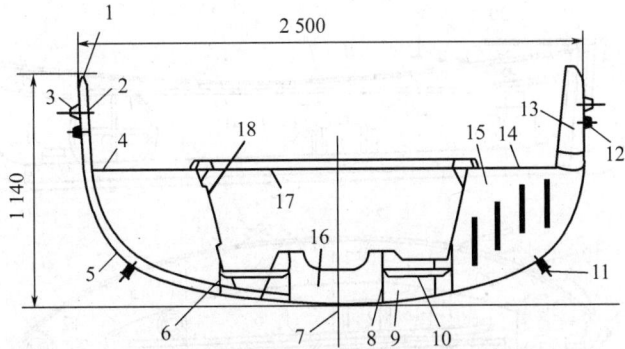

图 5－1　金属(钢质)救生艇中剖面

1—舷顶材;2—扶强材;3—护舷材;4—舷侧桁材;5—艇体;6—旁桁材;7—龙骨;
8—底纵桁;9—肋板;10—角型材;11—复正扶手;12—救生索把手;13—肘板;
14—空气箱体;15—半舱壁;16—机座;17—桨手座位;18—孔盖

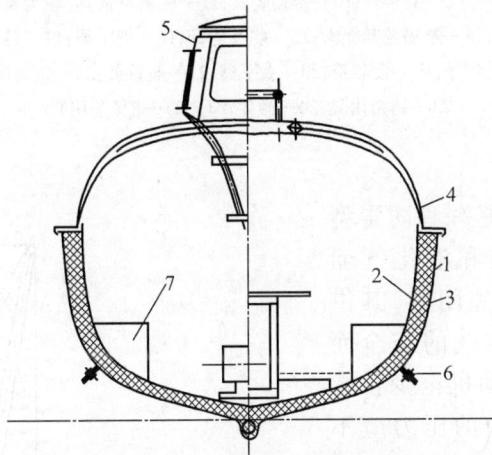

图 5－2　玻璃钢救生艇舯剖面

1—外壳板(玻璃钢);2—内壳板(玻璃钢);3—填料(泡沫塑料);
4—硬罩(玻璃钢);5—舵楼;6—复正扶手;7—空气箱

　　按结构形式区分,救生艇有开敞式救生艇、部分封闭救生艇和全封闭救生艇。开敞式救生艇结构简单,登乘方便,已有很长的使用历史。但由于其低温保护性能差,SOLAS83 规定 1971 年 7 月 1 日以后不再采用,但是我国根据国情仍允许使用,其结构式参见图 5－3。图5－3为其基本形式与属具。部分封闭式救生艇是在敞式救生艇的上首端加设硬质顶篷架及活动顶篷的救生艇,可使乘员免受暴露所引起的伤害,与全封闭救生艇相比,它易于登乘,但稳性较低,低温保护性能也较差,一般多用于热带航行的客船。全封闭救生艇是20世纪70年代出现的比较完善的救生艇,它有普通型、自给空气型和耐火型三种。

　　普通型全封闭救生艇设有硬质水密的、能完全遮住救生艇的顶篷,稳性好,倾覆后能自行扶正,破损进水后能够处于使乘员从水面以上逃出的漂浮状态,不受外界气候条件的影响,具有较好的低温保护性能,用于客船和货船。

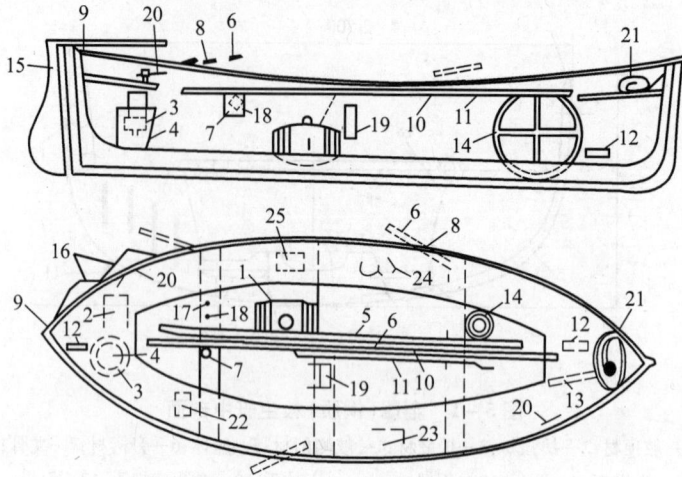

图5-3 救生艇属具示意图

1—淡水容器及量杯、水勺;2—油箱;3—不锈钢水桶;4—防水信号电筒;5—代舵桨(白色);6—划桨;
7—罗盘;8—桨架;9—代舵桨索套;10—带钩艇篙;11—桅帆及索具(帆为黄色);12—手摇泵;
13—布油袋;14—浮锚及其绳索;15—舵及舵柄;16—把手绳;17—日光信号灯;
18—烟火信号;19—食品箱;20—太平斧;21—艇首缆;22—急救医药箱;
23—钓鱼用具;24—救生浮环;25—柜(杂用)

自供气系统救生艇是一种防毒型救生艇,用于化学品船和液化气船上,当艇的所有出入口关闭时,其供气系统能保持艇内的空气的安全而适宜呼吸,并使艇的发动机至少正常运转 10 min。其间艇内的压力应不低于艇外的压力,也不超过艇外压力 20 MPa。

耐火型救生艇用于油船(包括化学品船和液化气船)或海上石油平台上,是能冲出火海区的一种救生艇,它除符合自供气系统救生艇的要求外,在经受碳氢化合物火焰完全包围 8 min 以上时,保证艇内的乘员脱险。

1977 年挪威开发了一种自由降落式救生艇 FFL(free - fall lifeboat),这种艇除了全封闭外,在登乘、降落等方面都更适合海况条件,可能成为更安全的救生艇,如图 5-4 所示。一般该类装置都设在船舶的尾部。

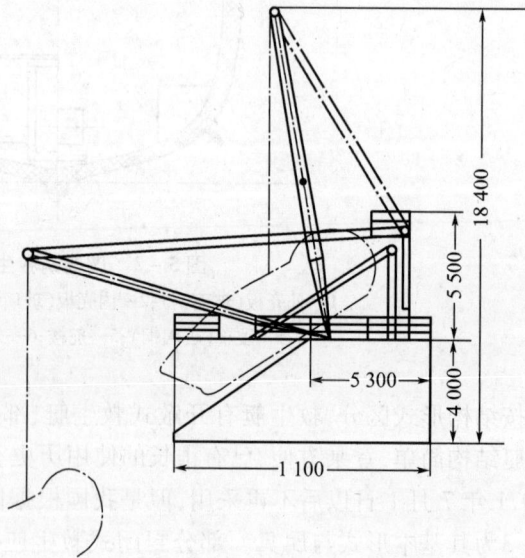

图5-4 自由降落式救生艇装置

四、救生艇的主要技术要求

救生艇应构造完整,艇的开头及尺度比应使其在海浪中有充裕的稳性。载足全部乘员及属具时,应有足够的干舷。救生艇应有刚性的艇体,并在艇体破漏时仍能维持正稳性,以确保海上的安全,具体要求如下:

1. 救生艇的尺度与质量

(1)艇长与质量。救生艇的长度一般(包括自由降落救生艇及专用的救生艇架)不小于7.5 m,特殊情况下不得小于5 m;每艘救生艇载足额定乘员及属具后,总质量不超过20 t。

(2)干舷与稳性。当定额的乘员的50%以正常姿势坐在艇中心线一侧时,从水线量至救生艇可能变成浸水状态的最低开口处的干舷,应至少为救生艇长度的1.5%,或100 mm,取其大者。

(3)载足全部额定乘员及属具的全封闭救生艇在倾覆后,就能自行扶正。通常封闭式救生艇的扶正方式,如图5-5所示。

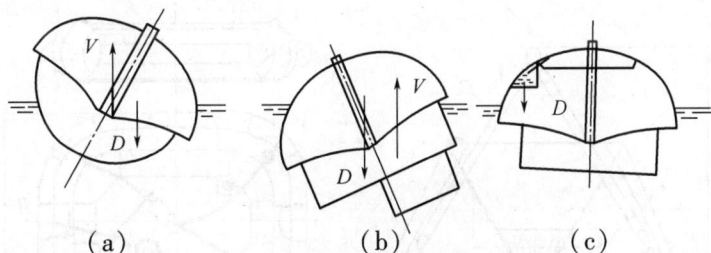

图5-5 封闭式救生艇扶正方式

2. 救生艇的容积与乘员定额

(1)容积,亦称立方容积,应以辛氏法或其他同等的准确方法计算,方艉救生艇的容积应当作尖艉救生艇来计算。

(2)乘员定额,现行国际公约为避免同样尺度的救生艇在不同的国家间定额的差别,做到世界统一,已废除了以艇内容积除以一个常数的方式,乘员定额采用乘坐试验或作图法确定,取其较小者。在乘坐试验中要求乘员穿着救生衣,以人的平均质量为75 kg,以正常姿态乘坐时不致妨碍推进装置及任何属具的操作,得出的试验人数为定额。而作图法是按每一乘员座席尺寸为直径460 mm的圆来布置,此圆考虑了人的臀部、膝脚等投影。

(3)救生艇的额定乘员不应超过150人,乘员定额为60~100人之间的救生艇,应为机动救生艇或为机械推进的救生舰艇,而大于100人时,应为机动救生艇。

3. 救生艇的浮性要求

救生艇应具有固有浮力,或应设有不受海水、原油或油产品不利影响的固有浮力材料,当艇内浸水和破损通海时,仍足以将满载全部属具的救生艇浮起。每个救生艇额定乘员应另外配备相当于280 N浮力的固有浮力材料,此浮力材料不得设在艇体以外。

4. 救生艇的航速要求

当载足全部乘员和属具,并且所有发动机驱动的辅助装置均运转时,救生艇在平静水中前进的航速应至少为6 kn,而当拖带一只25人救生筏载足全部乘员和属具或相等负载时,救生艇在平静的水中前进的航速至少应为2 kn。燃料可供满载救生艇以6 kn航速运行 24 h。

5. 救生艇的强度

每一救生艇应有足够的强度,金属救生艇艇体在经受其载足全部乘员和属具的总质量的 1.25 倍负荷,或其他救生艇经受其总质量的 2 倍负荷,卸去负荷后无残余变形。

每一救生艇在载足全部乘员和属具后,能承受碰撞速度至少为 3.5 m/s 的船舷水平冲击力;能经受 3 m 的高度的投落下水;当船舶在平静水中以 5 kn 航速前进时,救生艇能降落在水中并被拖带。

五、救生筏

救生筏是次于救生艇的有效水上生存设备,它可防止海水进入并有效地支持其乘员浮出水面,其结构应能经受在一切海况下暴露漂浮 30 天,应能保证 18 m 高度投落下水后符合使用要求。救生筏分为硬质和气胀两种,按降落方式可分为抛投式和可吊式。

1. 刚性救生筏(见图 5-6)

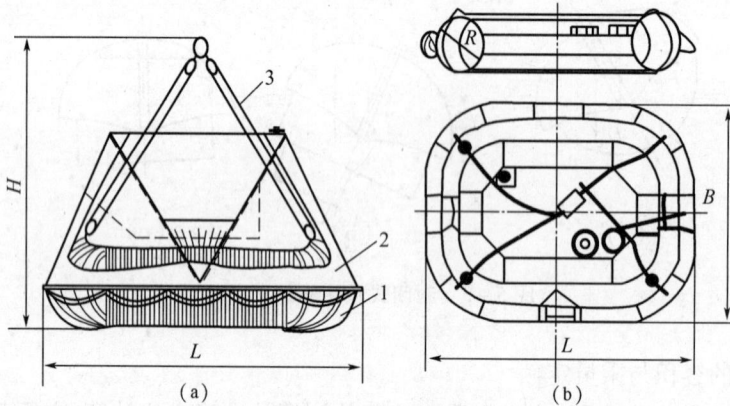

图 5-6 刚性救生筏
(a)帆布篷吊起;(b)在甲板上及其横剖面
1—筏体;2—帆布篷;3—吊索

其浮力应由自然浮力材料提供,定额等于:浮力材料的体积(以 m³ 计算)乘以 1 减去浮力材料相对密度的差,再除以 0.096 所得的最大数,或救生筏内底的水平剖面面积(以 m² 计算)除以 0.372 所得的最大数,或每人的质量为 75 kg 全部穿着救生衣,可足够舒适地坐下并有足够的头顶空间,并不妨碍任何操作的人数,取其小者。刚性救生筏的稳性要求能自行扶正,或在风浪中及在平静的水面上,均能由一个人扶正。筏设有一根有效的首缆,其破断力按乘员定额不小于 7.5 ~ 10.9 kN。

2. 气胀式救生筏

采用橡胶尼龙布制成,其浮力应由浮力舱提供,使用无毒气体充气,并要求在环境 18 ~ 20 ℃之间,在 1 min 内能完全充足;在环境温度为 -30 ℃时,在 3 min 内完全充足。平时筏体不充气,折叠存放在玻璃钢筒内。使用时接动启动绳子充气形成一个椭圆形的具有顶篷的浮体,如图 5-7 所示。其乘员定额确定方法与刚性救生筏相同,稳性及首缆等亦然。按降落方式,气胀式救生筏又可分为可吊式和抛投式两类。

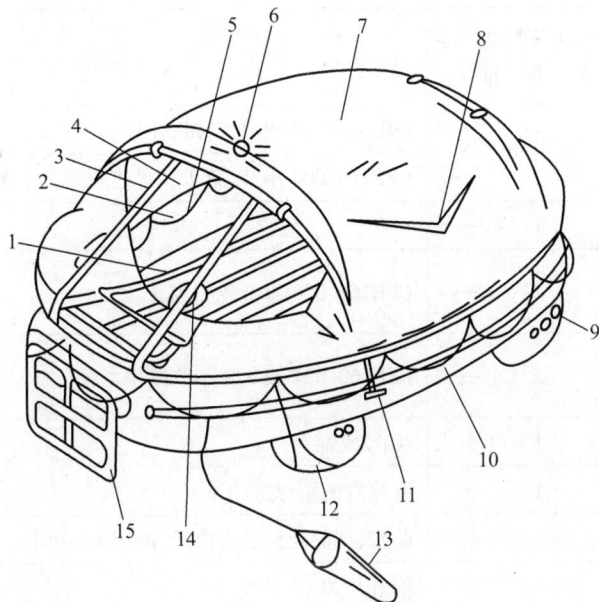

图 5 - 7　气胀式救生筏

1—筏底;2—下浮胎;3—篷柱;4—上浮胎;5—内扶手索;6—示位灯;7—篷帐;8—雨水沟;9—提拎带;
10—外扶手索;11—海水电池袋;12—平衡袋;13—海锚;14—拯救环;15—软梯

美国游艇协议 ABYC 对救生筏分为了三种形式：Ⅰ 型——至少有两个上下相连且分别独立的空气室，包括自动撑开的顶棚;Ⅱ 型——每个充气室至少有两个分别独立的空气室，包括自动撑开的顶棚;Ⅲ 型——每个充气管至少有两个分别独立的空气室。同时规定Ⅰ、Ⅱ 型救生筏的底部应装有储水袋以增加稳度，防止漂浮;Ⅰ、Ⅱ 型救生筏与每个入口处都有攀登设备;Ⅰ 型救生筏应有雨水收集装置。

ABYC 要求救生筏应该装在容器内，同时救生筏必须具有表 5 - 3 规定的设备。

表 5 - 3　救生筏的要求

项目	救生筏形式			要求
	Ⅰ	Ⅱ	Ⅲ	
指示说明书	1	1	1	采用防水纸引出，包含设备的使用、救生的方法以及 CG - 8111 求救信号
充气泵	1	1	1	MIL - L - 19496 或同等之设备
扶正齿轮	1	1	1	在地面装设把手或皮带
附有至少一条浮绳尺长的海锚	2	1	1	MIL - L - 19496 或同等之设备
环绕于救生筏之外的救生索	1	1	1	CFR160.043 小节或相当者
抛绳	1	1	—	可浮，至少 60 尺，破断强度 250 磅末端系有救生圈

表 5 – 3（续）

项目	救生筏形式			要求
	Ⅰ	Ⅱ	Ⅲ	
修筏工具	1	1	—	MIL – L – 19496 封口钳、补片、结合剂
闪光灯	1	1	—	CFR160.008 小节,第Ⅰ和Ⅲ或同等之设备
预备电池及灯泡	1	1	—	
信号弹—红色降落伞信号弹	2	2	—	CFR160.036 小节或相当者
信号弹—手持红色信号弹	3	3	—	CFR160.021 或 023 小节或相当者
海绵	2	1	—	10 号凌锥
哨子	1	1	—	有绳索的圆球式哨子
灯 – 顶棚顶端	1	—	—	防水,能间距至少 1 海里,能用 10 小时
灯 – 顶棚内	1	—	—	能开与关
划桨（对）	1	—	—	4 尺长
饮水杯	1	—	—	软塑料,有刻度
急救箱	1	—	—	CFR160.054 小节或相当者
口粮（每人）	1	—	—	1 磅重的罐头面包
饮水（每人）	1	—	—	封装按 CFR160.026 小节或相当者
晕船药（每人）	6	—	—	以合适的方法包装
开罐器	3	—	—	以胶套将尖锐的部分包住以防止造成筏体之伤害
钓鱼具	1	—	—	CFR160.061 小节或相当者

表中 MIL – L – 19496 为美国标准第 19496 条,CFR 为航运法规,其后面的数字为法规条款代号。

六、救生浮具与救生圈

按 CCS 规范定义,救生浮具是指能支持额定人员在水中漂浮,并在构造上保持本身形状及性能,除救生艇、救生筏、救生衣、救生圈外的漂浮设备,如救生垫、救生褥、救生凳、救生桌等。

救生圈是供落水人员暂时借以飘浮等待救援的环状浮体,应以整体的泡沫塑料、软木块或其它等效材料制成,如图 5 – 8 所示。

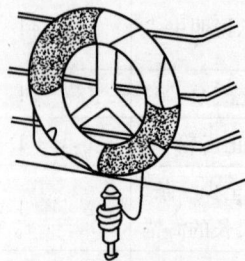

图 5 – 8　救生圈

救生圈应符合一定的技术要求,如,其外径不大于 800 mm,内径不小于 400 mm;质量不大于 2.5 kg;救生圈应装有一条直径不小于 9.5 mm、长度不小于 4 倍浮体外径的把手索,并分为 4 段相等的环圈固定之;如属于带有自发烟雾信号和自亮灯而拟作快速释放的救生圈,则应具有足以触发该快速释放装置或者 4 kg 的质量,取其大者。救生圈的原型经过 −30 ℃ 及 +65 ℃ 的环境温度循环试验,在高温下无刚度降低的迹象,无诸如皱缩、破裂、胀大、分解或机械性质的改变;需经 30 m 高处的投落试验;耐油试验;火烧试验;漂浮试验;强度试验;连同自亮灯及烟雾信号的效用试验;救生圈自发烟雾信号试验等。

七、救生衣

是一种穿着能在水中提供浮力的浮件,按结构不同分为泡沫塑料芯材救生衣、保温救生衣和充气救生衣。按用途分为旅客救生衣和工作救生衣两类。如图 5−9 所示。

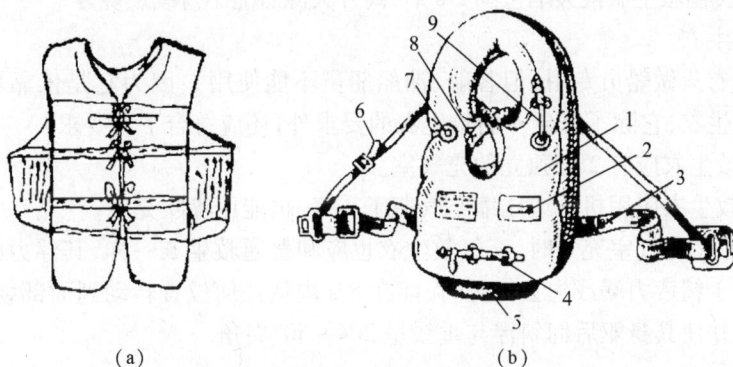

图 5−9 救生衣
(a)普通救生衣;(b)充气救生衣
1—气胎;2—笛囊;3—腰系带;4—压缩空气瓶子;5—存叠带;
6—连接扣;7—信号灯;8—提带;9—冲气嘴

1. 旅客救生衣

这是一种最常用的救生衣,正反都可以穿,要求阅读说明书后,无需他人帮助 60 s 内可穿着完毕,穿着舒适,并在被火完全包围 2 s 后,不致燃烧或继续溶化。救生衣的浮力与稳性,要求能将筋疲力尽或失去知觉的人员在 5 s 内从任何位置翻转到嘴部托出水面至少 120 mm 且其身体向后倾斜与垂直方向成不小于 20°,但不大于 50° 的角度。每件救生衣有哨笛一只,用细绳系牢。在我国按 GB4303—84 生产救生衣,性能符合 SOLAS83 修正案的要求,基本参数见表 5−4。

表 5−4　旅客救生衣要求

型号	5563(棉布套)	5563−1(尼龙布套)78−Y3
浮力/N	≥112.77	>78.45
质量/kg	≤1.1	≤1.1
浮芯材料	聚乙稀泡沫塑料	高发泡聚乙稀片材

2. 保温救生服

保温救生服是具有保温性能,使穿着者在冷水中减少体温损失,延长生存时间的保护服。应以防水、具有浮力、保温的材料或其他等效材料制成。保温救生服应不受原油及制品的不利影响,在前述气温和海水温度环境下保持浮性和耐久性。保温救生服的浮力分布应使穿着者在 5 s 内从任何位置转动至面部朝上飘浮,嘴离水面至少 120 mm;在淡水中浸泡 24 h 后,其浮力不得降低 5%。保温救生服结构应能套住除脸部以外的整个身躯和双手、腿部,并限制空气流动。保温救生服应使穿着者的横向视域至少为 120°。阅读说明书后,无他人帮助能在 2 min 内拆包并穿着完毕。穿着者能执行弃船时规定的职责,能爬上爬下至少为 5 m 的直梯,能游一段距离(25 m)并能登上救生艇、救生筏。从 4.5 m 高度处跳入水中,应不损坏,不位移,也不伤害穿着者,不影响保温救生服的性能。在 273 ~ 275 K(0 ~ 2 ℃)的平衡的循环水中 6 h,穿着者的体温下降不超过 2K(2 ℃),在 278 K(5 ℃)水中浸泡 1 h 后能拿笔写字。保温救生服被火焰包围 2 s 后,离开火源后能不持续燃烧。

3. 充气救生衣

充气救生衣只做船员专用(但客船、油船船员不能使用),因为它是依靠填充气体作为浮力的一种救生衣,它除了符合一船救生衣的要求外,还应符合下列要求:

(1)充气救生衣应有 2 个独立的充气室。

(2)充气救生衣应用机械或压缩空气瓶子充气,也能用嘴吹充气。

(3)仅用一个充气室充气时,充气救生衣也应和普通救生衣一样,其浮力的分布使穿着者在静水中处于精疲力竭或失去知觉时,能在 5 s 内从任何位置转动到面部朝上,嘴离水面至少 120 mm,并使其身躯后仰斜浮与垂线呈 20° ~ 50°夹角。

4. 保温袋

保温袋是指乘坐在救生艇、筏上的海难遇险者,为了防止人的体温不断下降而发生死亡情况使用的救生用具。其结构是能遮住穿着救生衣的人员除脸部外的整个躯体,从而减少被包裹者体温对流蒸发性的热损失,延长遇险者的生存时间,等待救援。我国生产的有 PH2702 型保温袋,性能符合 SOLAS83 修正案要求,其基本参数见表 5 - 5。

表 5 - 5　保温袋基本参数

材料导热率	张开尺寸	折叠尺寸	质量
< 0.25 W/m · K	2 × 1 m	135 mm × 55 mm × 25 mm	< 100 g

八、救生抛绳器

救生抛绳器是指手提式抛绳器或救生抛绳枪,应能在风速不大于 0.4 m/s 时,将直径不小于 4 mm 的绳索抛射至不小于 230 m 处,且横向偏离目标不大于射程的 10%。手提式救生抛绳器包括抛射绳、推进火箭、击发引燃器、本体及发射导向管。救生抛绳枪包括击发枪 1 只、弹药 5 发、抛射绳及火箭 4 具。抛射绳应浮于水面且为黄色,其破断应力不小于 2 kN。火箭浸入 0.1 m 水中,经 1 min 后,应仍能正常使用。救生抛绳器在 243 - 3383 K(-30 ~ 65 ℃)的气温环境存放可随时使用,有效期为 1 年。

救生抛绳器上还应有自亮灯、火箭、信号降落伞等视觉信号。

第二节 游艇救生设备的配置

中国船级社游艇规范里面对游艇救生设备的配置做出了一些规定。一般规定:所有救生设备应装贴认可的逆向反光材料,所有救生设备应经认可。

一、救生筏的配置

1. 凡总长 L 超过 12 m,且载员 20 人及以上的航行于沿海营运限制的游艇,和总长超过 40 米,且载员 60 人及以上的航行于遮蔽营运限制的游艇,应配置气胀式救生筏。

2. 所配备的救生筏数量和容量应能容纳船上总人数。对于沿海航行营运限制的游艇,救生筏定额应确保任何一个救生筏失效或丢失,仍然保证容纳艇上总人数。

3. 气胀式救生筏应采用专用筏架存放于露天甲板或开敞处所,并应配备认可的自由漂浮装置(净水压力释放器),使救生筏随艇下沉时能脱离游艇并自动充气。

4. 对于在 10 ℃ 或以上的气温下水域营运的游艇,可采用敞开式两面可用气胀式救生筏。

二、救生圈的配置

1. 艇长小于 12 m 的游艇至少应配备 1 只认可带救生绳的救生圈,分别置于驾驶室或艇操纵位置两侧,其中 1 只应带 1 根救生绳。

2. 艇长 12 m 及以上但小于 21 m 的游艇应配备 2 只认可的救生圈,分别置于驾驶室或艇操纵位置两侧,其中 1 只应带 1 根救生绳。

3. 艇长 21 m 及以上但小于 37 m 的游艇应配备 3 只认可的救生圈,其中 2 只分别置于驾驶室或艇操纵位置两侧,并一只救生圈应带救生绳。

4. 艇长大于或等于 37 m 的游艇应配备 6 只认可的救生圈,其中 2 只应带救生绳并置于驾驶室或艇操纵位置两侧。

5. 艇上配备的每只救生圈应使所有艇上人员均可随时取得使用,并分布在两舷,放在架上但无须紧固,并须设有可自行浮出的装置,救生圈的颜色为橙色,上面标记艇名和船级港。

6. 对艇长小于 20 m 的游艇,所配备救生绳的长度应不小于 18 m,对艇长大于等于 20 m 的游艇,所配的救生绳应不小于 30 m。

三、救生衣的配置

1. 所有救生衣应配备哨笛和自亮浮灯。所有敞开艇和总长小于 8 m 的高速游艇,在游艇离开指定地点前,救生衣应穿在乘员身上。

2. 其他游艇救生衣应置于每个乘员的座椅底下或方便取用。

3. 如配备气胀救生衣,则应增配 10% 或 2 件,取大者。

4. 每艘游艇应另配艇员定额 10% 或 2 件儿童救生衣,取大者。并应确保在离开指定地点前登艇的儿童均有合适的救生衣。

5. 游艇上不宜配备两种以上不同形式的救生衣,以免混淆使用。

6. 艇长 20 m 以上的额游艇,在艇员工作或值班处所应配备额外救生衣。

四、救生烟火信号的配置

游艇烟火信号应配备:

1. 沿海航区营运限制的游艇应配备 4 只降落伞火箭信号。

2. 其他航区营运的游艇应配备 2 只降落伞火箭信号。

3. 遇险信号应储存在可携带的水密容器中并置于艇操纵的位置。

4. 每只遇险信号应标识制造日期和有效期。有效期不得超过制造日期之后 3 年。

第三节　游艇的灭火设备

游艇灭火设备与其他船舶的灭火设备一样,是非常重要的安全设备,每一艘游艇都必须设置。同时,其灭火设备也是游艇入级和保持船级的一项重要定期检查内容。因此,《游艇检验技术要求》里面专门对游艇的消防系统的配置有所规定。

一、火灾的等级划分

不同的物质具有不同的物理特性,燃烧后也有各自的特点。据此,船舶火灾可分为下列四种,即普通火、油类火、气体火和金属火。

(1)普通火　普通火又称为 A 类火,指的是可燃固体,如木材、煤、棉、粮食等物质的着火。这类火灾的特点是燃烧不仅在物质的表面进行,也会深入到物质的内部,故需要特别注意燃烧物的余烬复燃。

(2)油类火　油类火又称为 B 类火,如石油、脂类、油漆等的燃烧。这类火灾只限于表面燃烧,并有爆炸的危险。

(3)气体火　气体火又称为 C 类火,它也包括电气火。它是由可燃气体,如煤气、乙炔气等引起的火灾,以及由普通火、油类火引起的,和电气设备本身引起的电气设备着火。其特点是燃烧迅猛,电气着火还有触电的危险。

(4)金属火　金属火又称为 D 类火,主要是指轻金属的火灾,如金属钾、钠、镁、钛等火灾。这类金属燃烧具有温度高、火焰低、辐射热低,但易爆炸等特点。

不同的火灾有不同的施救方法,灭火的原理就是根据不同的燃烧或爆炸的条件,破坏其燃烧或爆炸的条件,使燃烧三要素(可燃物、助燃物、着火源)不能同时共存,而达到扑灭火灾的目的。船舶灭火的基本方法有下列四种:

(1)隔离法　隔离法是将可燃物迅速与燃烧物分隔开来,如:拆除与货场毗邻的易燃建筑物,关闭可燃气体和液体能继续进入火场的孔道等。

(2)冷却法　降低火场的温度,使之低于燃点温度。如用水、灭火剂喷洒在燃烧物上,或喷洒在火场附近的建筑物或可燃物上,使之降温,同时阻止火灾蔓延。

(3)窒息法　利用某种不助燃物质覆盖在燃烧物表面,使之与空气隔绝,或稀释空气中的含氧量,以达到窒息的目的。例如黄砂、湿毛毯都可以覆盖在燃烧物的表面使火息灭;二氧化碳、四氯化碳、卤化烃、水蒸气等,都能冲淡空气中的含氧量,当空气中的含氧量降低到 15% 以下时,燃烧会停止。

（4）抑制法 利用灭火剂受热后分解出的一种极为活跃的游离基夺取燃烧中的氧和氢氧游离基,抑制燃烧的连锁反应,使燃烧中断而灭火。

根据火灾的种类,采用不同的施救方法和适用的灭火设备,不得错误选用,以免扩大灾情造成更大的损失。

二、手提式灭火器

游艇上使用的手提式灭火器主要有泡沫灭火机、二氧化碳灭火机、干粉灭火机三种。

1. 泡沫灭火机

手提式泡沫灭火机是一个金属圆筒,如图5-10所示,内置碳酸氢钠和泡沫剂的水溶液,筒内的环形瓶架上有一小口玻璃瓶,瓶内装有硫酸铝溶液,瓶口有弹簧压住的弹簧盖将其盖紧,使两种液体不致混合。使用时,将筒倒转,两种溶液混合后产生二氧化碳泡沫喷出,其标准射程为12 m。切忌直接对准液面喷射,以免由于射流的冲击,反而将燃烧的液体冲散或冲出容器,扩大燃烧范围。在扑救固体物质火灾时,应将射流对准燃烧最猛烈处。灭火时随着有效喷射距离的缩短,使用者应逐渐向燃烧区

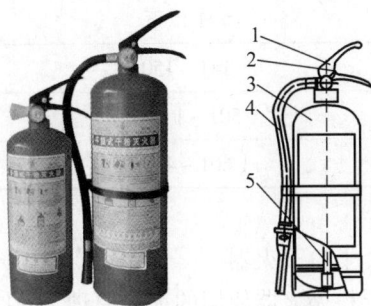

图5-10 手提泡沫灭火机
1—虹吸管;2—喷筒总成;3—筒体总成;
4—保险装置;5—器头总成

靠近,并始终将泡沫喷在燃烧物上,直到扑灭。使用时,灭火器应始终保持倒置状态,否则会中断喷射。

泡沫灭火器存放应选择干燥、阴凉、通风并取用方便之处,不可靠近高温或可能受到曝晒的地方,以防止碳酸分解而失效;冬季要采取防冻措施,以防止冻结;并应经常擦除灰尘、疏通喷嘴,使之保持通畅。

适用于扑救一般B类火灾,如油制品、油脂等火灾,也可适用于A类火灾。

2. CO_2 灭火器

手提 CO_2 灭火器,如图5-11所示。钢制圆筒内装液态 CO_2 ,压强为12.7 MPa。瓶顶上有保险阀并备有橡皮管和喷射喇叭。

CO_2 灭火机的瓶头阀开关有两种。

其一,螺旋式。借螺旋式手轮开关2的旋转,割破保险金属膜片,使 CO_2 由瓶口喷出。这种瓶阀一经打开便无法关闭,故施放完后,必须重装液体和更换膜片。

其二,手压式。如图5-11中6是用柄式开关控制,可随开随关,没有用完的二氧化碳可以留在瓶中。

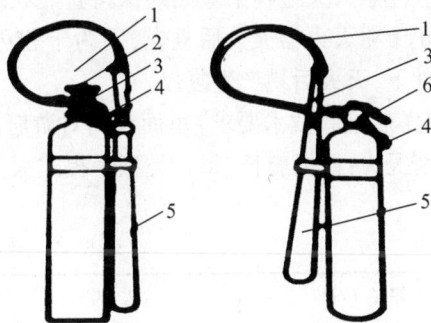

图5-11 手提式 CO_2 灭火机
1—喷射软管;2—螺旋式开关;3—喷管手柄;
4—手提柄;5—喷射喇叭

CO_2 灭火器的灭火原理:冷却、窒息。其主要用于扑救贵重设备、档案资料、仪器仪表、600伏以下电气设备及油类的初起火灾。使用时,不能直接用手抓住喇叭筒外壁或金属

连接管,防止手被冻伤。在使用二氧化碳灭火器时,在室外使用的,应选择上风方向喷射;在室内窄小空间使用的,灭火后操作者应迅速离开,以防窒息。二氧化碳灭火器有效距离较小,灭火时离火源不能太远,一般 2 米左右较好。

美国游艇协议规定了 CO_2 的空间充满数见表 5 – 6。

表 5 – 6 CO_2 灭火器基本参数

空间体积 ft^3	体积系数的最小计算重量磅 CO_2/ft^3
141 以下	0.72
141 ~ 150	0.67
501 ~ 1 600	0.63
1 601 ~ 4 500	0.56

3. 干粉灭火器

干粉灭火器使用的灭火原理为:化学抑制、窒息。

除扑救金属火灾的专用干粉化学灭火剂外,干粉灭火剂一般分为 Bc 干粉灭火剂和 ABC 干粉两大类。干粉灭火剂主要通过在加压气体作用下喷出的粉雾与火焰接触、混合时发生的物理、化学作用灭火。

正确使用方法是:使用手提式干粉灭火器时,应手提灭火器的提把,迅速赶到着火处。在距离起火点 3 ~ 5 m 左右处,放下灭火器。在室外使用时,应占据上风方向。使用前,应先把灭火器上下颠倒几次,使筒内干粉松动。然后,拔下保险销,一只手握住喷嘴,另一只手用力压下压把,干粉便会从喷嘴喷射出来。用干粉灭火器扑救流散液体火灾时,应从火焰侧面,对准火焰根部喷射,并由近而远,左右扫射,快速推进,直至把火焰全部扑灭。另外,如果用干粉灭火器扑救容器内可燃液体火灾时,亦应从火焰侧面对准火焰根部,左右扫射。当火焰被赶出容器时,应迅速向前,将余火全部扑灭。灭火时应注意不要把喷嘴直接对准液面喷射,以防干粉气流的冲击力使油液飞溅,引起火势扩大,造成灭火困难。使用干粉灭火器应注意灭火过程中应始终保持直立状态,不得横卧或颠倒使用,否则不能喷粉;同时注意防止干粉灭火器灭火后复燃,因为干粉灭火器的冷却作用甚微,在着火点存在着炽热物的条件下,灭火后易产生复燃。

《游艇检验技术要求》里面专门对游艇的消防系统的配置有所规定,其中手提式灭火器配置情况为:根据艇长,每一类型手提式灭火器的容量见表 5 – 7:

表 5 – 7   手提式灭火器的容量

船长 L/m	$L < 9$	$9 \leq L < 15$	$L > 15$
泡沫/l	2.8	4.6	9
二氧化碳/kg	1	1.5	3
干粉/kg	1.4	2.3	4.5

用于电动机、配电板、控制箱、蓄电池等电气设备处所的灭火器适合于扑灭电气火灾,

例如干粉或 CO_2 灭火器。手提灭火器应适当地分布于受保护的舱室内,通常在舱室的出口附近放置最少 1 个手提灭火器。二氧化碳灭火器不应用于密闭舱室。

三、消防泵及消防管件

1. 消防水泵

消防泵又称为救火泵,是有独立机械驱动的水泵。如果舱底泵、压载泵等其他船用泵满足消防有关要求时,可以代替消防泵。消防泵一般设在机舱,消防管路从机舱向上引至各层甲板。

2. 消防管道

消防水管一般采用镀锌的无缝钢管。总管的内径应满足两台消防泵同时工作输出最大水量的要求。连接消防栓上各支管的直径应该和消防栓的直径是一致的。

水灭火管路的敷设应尽量避免通过货舱、居住舱室及潮湿处,可以布置在甲板上面,也可以布置在甲板下方,一般多沿内外走道及舷边布置,以便进行操作和检修。

3. 消防栓

消防栓又称消防龙头。它是消防水管与消防水带的连接件,如图 5-12 所示。消防栓由截止阀、快速内扣式接头和保护盖组成。其内扣式接头及截止阀应以铜合金或其他耐燃、耐腐蚀的材料制成。

消防栓的数目和布置应符合以下规定:

(1)船上任何处所失火时,应保证至少有两股有效的水柱可以进行施救,且其中一股仅用一根消防水带即可到达;

(2)在机舱出口附近,每舷至少各设一个消防栓。

(3)消防栓的位置应易于连接消防水带;在可能装运甲板货的船上,应注意消防栓不被货物碰坏。

图 5-12　固定水灭火管路附件

1—消防栓;2—水带接头;
3—消防水带;4—喷嘴

4. 消防水带

消防水带俗称救火皮龙。它是用棉或纤维织成的紧密管织物,内壁有时需涂橡胶,以承受较高水压,是消防系统的输水软管。

消防水带直径有 50 mm,65 mm 两种,每节长度应不大于 20 m,两端有铜或其他耐热、耐蚀材料制成的内扣式接头,根据需要可以多节连接。船上还需配备有通岸的消防接头,以便有可能利用岸上的消防栓供水。

按照国际统一规定,凡 1 000 吨以上的海船,至少应配备有一只国际通岸的消防接头,能在任何一舷连接甲板消防水管,接头的一端为平面法兰,可与不同直径的消防栓或消防水带连接。其规格为:外径 178 mm,内径 64 mm;螺栓 4 只,长 50 mm,螺栓孔径 19 mm;法兰厚度 14.5 mm;最大工作压力 105×10^4 Pa,如图 5-13 所示。接头的另一端为固定接头,可与本船的消防栓或消防水带相接。

根据《长江水系钢质船建造规范》规定:客船每只消防栓应配备一根消防水带。船长 ≥70 m 的货、

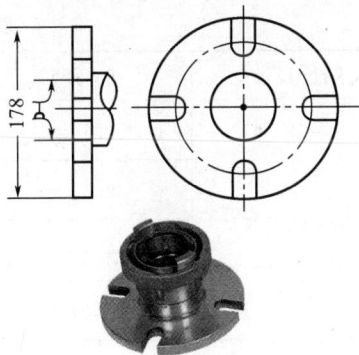

图 5-13　国际通岸消防接头

油船或功率≥736 kW 的拖船应出机炉舱按每一消防栓配备一根外,其他处所应不少于 5 根;船长或功率小于上述数值的,其消防水带应不少于三根。

5.消防水枪

消防水枪是接在消防水带出水口端,能将高压水流转变成高速水流的喷嘴。按其喷射水流的方式不同,可分为下列四种:

(1)普通喷水水枪是喷出水柱的水枪。其喷口直径 13 ~ 19 mm,水柱射程应不小于 12 m。多用来扑灭可燃固体的着火,可在不能走进火源的情况下使用。其特点是冲击力大,可以摧打火焰、分割火场。

(2)喷雾水枪多用在可燃液体的着火,或借以掩护消防人员进入火灾区域施救及火势不大,但燃烧面积较大的火灾。其特点是作用距离短,在大风中不便使用,优点是能使大面积火场迅速降温。

(3)喷水喷雾两用水枪。在水枪的末端有调节开关,可喷出水柱、水花或水雾。

(4)旋转水枪。由于旋转水枪可向四周喷射出水柱,对于用来扑灭不知火源的舱室是有效的。

第四节　游艇的灭火设备的配置

一、游艇消防设备配置要求

若需要设置应急消防泵时,该泵及其动力源和通海接头不应与主消防泵处于同一处所内。手动泵的容量应能从喷嘴射出一股射程不少于6米的水柱。消防泵及消防总管的布置应确保有一股水柱喷射到艇在航行时乘员通常可到达的艇上任何部分。如机舱只设一个消防龙头,该龙头应设于机舱处进入口处。消防总管和消防水管的直径尺寸应能保证有效地分配消防泵最大出水量的需要。但喷嘴的直径应不小于 10 mm。每个消防栓应至少配备一根消防带或消防软管和一只水枪,水枪应是水柱/水雾两用型式。

载运乘客不超过 60 人及不从事租赁业务的任何游艇,其消防设备的配置应满足 5 - 8 表的规定

表5-8　消防设备的配置

船长 L/m		L<5.5	5.5≤L<9	9≤L<15	15≤L<24
手提式灭火器[①]	1.4 kg		1[②]	2	
	2.3 kg				2
	4.5 kg				2
	机器处所[③]			2[④]	2[④]
消防桶连带绳子[⑤]					

表 5−8（续）

船长 L/m		L<5.5	5.5≤L<9	9≤L<15	15≤L<24
主消防泵	机动				
	手动				1
应急消防泵	机动				
	手动				
消防栓					1⑥
消防斧					

①干粉灭火器或等同；
②艇上若有厨房,应有两个灭火器；
③机器处所是指游艇上设有推进机械和发电机组的处所；
④游艇总功率350 kW；
⑤消防桶可用同等数量灭火器取代,每个灭火器须为最少4.5 kg干粉或等同的灭火剂；
⑥泵和通海接头设于机舱外。

载运乘客不超过60人及不从事租赁业务的任何游艇,其消防设备的配置应满足5−9表的规定,但艇长75米及以上者须另作考虑。

表 5−9 消防设备的配置

船长 L/m		L<15	15≤L<24	24≤L<60	60≤L<75
手提式灭火器	乘客舱	每层甲板1个(最少2个)		每层甲板上每隔10米以内的距离1个(最少2个)	
	驾驶室	1			
	厨房	1			
	集控室	1			
	机器处所	3	4	每750kW以内1个(最少3个,最多不超过6个)	
固定式二氧化碳①	其他机器处所			每舱室1个	
				1套	
火警探测及警报系统	机器处所			1套	
主消防泵	机动			1③	1
	手动		1②		
应急消防泵	机动				
	手动			1②	1②

表 5 −9（续）

船长（L/m）	L < 15	15 ≤ L < 24	24 ≤ L < 60	60 ≤ L < 75
消防栓	1		每 1 消防泵配置 1④	
消防斧			1	

①适于载运乘客超过 12 人及主机功率不小于 350 kW 的游艇,如能确认一个 45 kg 泡沫灭火器或等同的移动式 CO^2 灭火器的喷射范围能达到机器处所的任何部分,则可用此类灭火器替代固定式 CO^2 灭火系统

②该泵和通海接头应设于机器处所外;

③该泵可由主机带动:

④艇长 24 米以上者,应在机器处所增设 1 消防栓。

如果灭火剂为窒息性的,则应在拖放位置附近和在被保护处所的任何入口处张贴告示牌。任一 CO_2 手提式灭火器附近应张贴告示牌。告示牌应是中文或中英对照,语句、图形、符号应简洁易懂,可参照公认的国际或国家标准。

复习思考题

1. 什么是救生设备,救生设备包括哪些内容?

2. 救生艇有哪些技术要求?

3. 什么是救生筏,其分类情况是怎样的?

4. 什么是救生圈,其技术要求有哪些?

5. 旅客救生衣和保温救生服有哪些区别?

6. 什么是救生抛绳器,其技术要求有哪些?

7. 规范对游艇的救生筏、救生圈、救生衣的配置提出了哪些要求?

8. 火灾分为哪几类,船舶灭火基本方法有哪几种?

9. 泡沫灭火机使用原理是什么?

10. CO_2 灭火器使用时需注意哪些问题?

11. 游艇规范对手提式灭火器的配置原则有哪些?

12. 什么是消防水泵,消防水带?

13. 载运乘客小于 60 人不从事租赁业务的游艇其消防设备应满足哪些规律?

第六章　游艇的关闭设备

人孔盖和小舱口盖是两种在船舶上广泛使用的舱室出入口启闭装置,游艇也不例外。对于船舶内部一些舱室如燃油舱,滑油舱,艏艉尖舱等,这些舱室平时不需要人员出入,因此只在舱室围蔽上开设人孔,一方面可以减轻船舶质量,另一方面可供施工和检修人员出入。为了保证这些舱室的密闭性,因此要设人孔盖来关闭。另外,船舶的货舱、储藏舱、某些不设固定值班人员的设备舱室处所的甲板或平台出入口应设置小舱口盖,即可供人员出入,也可供体积小的设备或物品出入。船舶内部应急脱险通道在露天甲板出入口处,也应设置两面可启闭的小舱口盖,来保证舱室的密闭性。

第一节　人　孔　盖

船用人孔盖按其形状可分长圆形和圆形。其中长圆形人孔盖使用较为广泛。按其密性可分为油密和水密。两者之间的区别在于密封垫圈的材料,油密应采用耐油橡胶,水密则应采用耐海(淡水)水橡胶。

一、人孔盖的形式

人孔盖按其安装后是否高出开孔表面可分为突出式和埋入式。

1. 突出式人孔盖

我国造船行业目前常用的突出式人孔盖按其结构形式分为三种,即 A 型、B 型和 C 型 。

A 型人孔盖其围板和座圈为焊接结构,如图 6-1 所示,高出开孔平面 100 mm。常用的规格按通孔尺寸($L \times B$)分为 450 mm × 350 mm,500 mm × 400 mm,600 mm × 400 mm 及 600 mm × 450 mm。围板厚度(S_1)为 4~14 mm。座圈及盖板厚度(S)应比围板厚度大 2 mm。

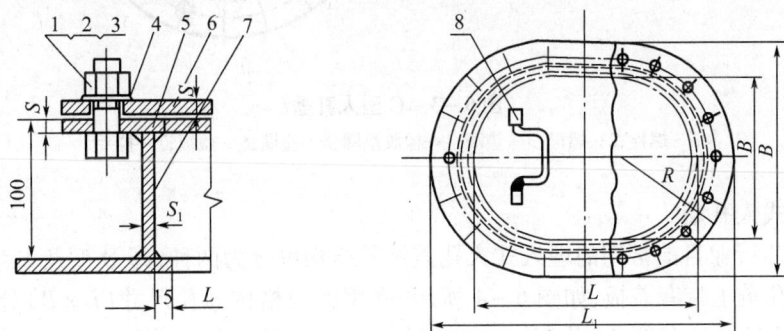

图 6-1　A 型人孔盖结构

1—螺栓;2—螺母;3—垫圈;4—橡胶垫圈;5—座圈;6—盖板;7—围板;8—拉手

A 型人孔盖围板较高,可以防止污水或垃圾进入舱内。常用于机舱、锅炉舱及其他容易积水的处所。此外 A 型人孔盖还可安装在表面为弧形的处所,如圆柱形起重机筒体基座或球形结构表面。

B 型人孔盖为长圆形突出式人孔盖。座圈厚度为 20 mm,其常用的规格及盖厚与人孔盖相同,如图 6 - 2 所示。常使用在甲板、内底板、平台和舱壁等部位。用在货舱底时,就在人孔盖周围加装钢镶框,加钢盖板或木盖板,使其逐渐过渡和木板齐平。

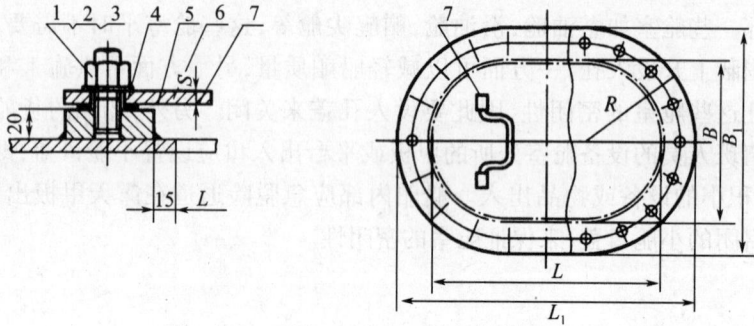

图 6 - 2 B 型人孔盖

1—螺栓;2—螺母;3—垫圈;4—橡胶垫圈;5—座圈;6—盖板;7—拉手

C 型人孔盖为圆形突出式人孔盖,结构形式如图 6 - 3 所示。座圈厚度为 20 mm。常用的规格按通孔尺寸(D)分为 Φ450 mm 和 Φ600 mm。盖板厚度(S)为 4 ~ 14 mm。圆形突出式人孔盖。可用于甲板、内底板、平台及箱柜等部位。

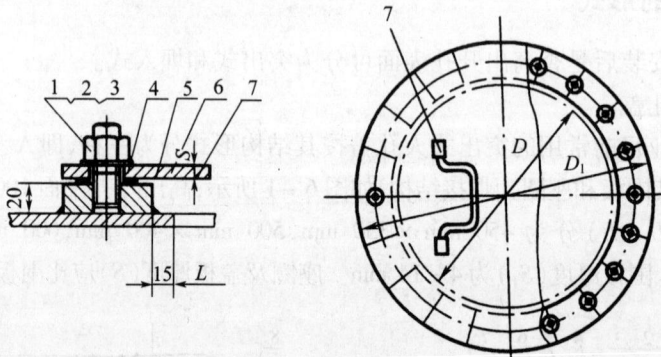

图 6 - 3 C 型人孔盖

1—螺栓;2—螺母;3—垫圈;4—橡胶垫圈;5—座圈;6—盖板;7—拉手

2. 埋入式人孔盖

我国造船行业目前常用的埋入式人孔盖按其结构可分为两种,即 D 型及 E 型。

D 型人孔盖上带有盖板,如图 6 - 4 所示,常用的规格按通孔尺寸($L \times B$)分为 530 mm × 430 mm,630 mm × 430 mm 及 630 mm × 480 mm。盖板厚度(S)为 10 mm,12 mm。

E 型人孔盖规格与 D 型相同,其盖板厚度(S)为 14 mm,18 mm 如图 6 - 5 所示。

D 型及 E 型人孔盖均可用于要求平坦的货舱底部和甲板通道等处,以便用于货物装卸和人员走的处所。

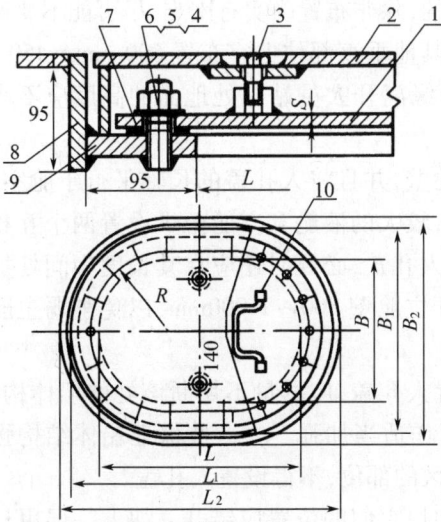

图 6-4 D 型人孔盖

1—盖板;2—上盖板;3—螺栓;4—螺柱;5—螺母;6—垫圈;

7—橡胶垫圈;8—围板;9—座圈;10—拉手;

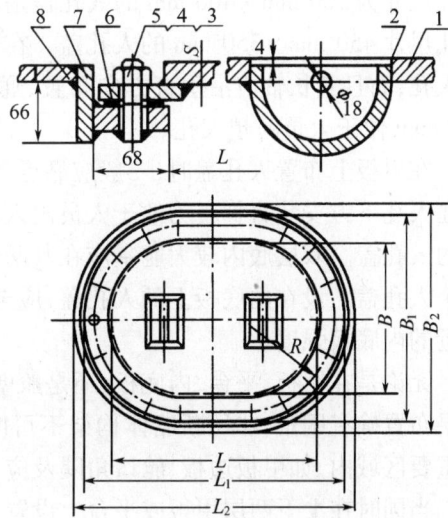

图 6-5 E 型人孔盖

1—盖板;2—拉手;3—螺柱;4—螺母;5—垫圈;

6—橡胶垫圈;7—围板;8—座圈

3. 人孔盖的材料

人孔盖的盖板、围板和座圈通常采用热轧碳素钢或用与安装人孔盖处的船体结构相同的材料制造。热圈和拉手采用普通碳素钢。密封热圈采用阻燃型买用或耐海(淡)水橡胶。螺栓或螺柱采用不锈钢或碳素钢,螺母采用碳素钢、不锈钢或黄铜等材料。碳素钢制作的螺栓、螺柱、螺母及垫圈均应镀锌。

二、人孔盖的选择及布置要求

选择及布置人孔盖时,除了必须符合有关公约、规则和规范的规定外,还应考虑强度、用途和使用方便。

人孔盖的强度主要体现在盖板的厚度及紧固螺栓的数量上。一般来说,盖板的厚度应不小于安装处的船体结构钢板(甲板、平台、内底板和舱壁)的厚度。由于盖板比其周围的船体结构钢板更容易腐蚀,因此当人孔盖安装处的船体结构钢板厚度小于 10 mm 时,盖板的厚度应比该处的船体结构钢板厚度大 1 mm。如果人孔盖安装处所的甲板或舱壁是由强度计算决定,则该处人孔盖盖板厚度应能承受同样的水压力条件。

人孔盖应根据舱室密性要求及安装处所的情况选择合适的结构形式。淡水舱,压载水舱及艏、艉尖舱等处所应用耐海(淡)水橡胶作垫圈的水密人孔盖;燃油舱、滑油藏、污油舱等处所应选用耐油橡胶作垫圈的油密人孔盖。在机炉舱等易积水、积油处所的内底板上和饮用水舱顶部,应选用有围板的 A 型人孔盖。通道及生活、工作舱室内影响人员活动的区域必须设置人孔盖时,应选择埋入式人孔盖。喷气燃料油舱的人孔盖盖板必须采用黄铜制成,以避免撞击产生火花。当人孔盖可能长期处在潮湿环境时,其螺栓或螺柱采用不锈钢制作。而螺母则采用不锈钢、黄铜或钢质镀锌制作。

从人孔盖的使用来说,通孔尺寸大有利于人员出入,但由于船体结构、机械设备及管路布置等因素,人孔盖的尺寸受到一定的限制。通常在平面位置(甲板、平台、内底板)上安装通孔尺寸为 500 mm×400 mm 的人孔盖是较合适的,除非布置确实有困难,尽可能不要选用通孔尺寸 450 mm×350 mm 的人孔盖。在舱壁或其他垂直部位上宜布置 600 mm×450 mm 的人孔,而且其长轴应沿垂直方向布置,通孔的下缘离开人员站立处地面的高度应不小于 500 mm,便于人员跨越人孔。

在甲板上布置人孔盖时,一般应靠近下面的舱壁,并且将人孔盖的长轴平行于舱室,便于在人孔下方安装直梯。为便于人员出入和通风,较大的液舱和空舱至少设置两个互相远离的人孔盖。双层底内较大舱室应在其两端设置人孔盖,必要时还应在其长度中间处加设一个人孔盖。设在内底板上的人孔盖,应至少离开主舱壁 800 ~ 1 000mm,以免削弱主舱壁附近的内底板强度。

无论是在甲板、平台、内底板,还是舱壁上设置人孔盖,应尽量不切断该处的船体构架。如果布置确有困难,非切断船体构架不可时,则应作适当加强。在一些保证船体结构强度的重要区域内,如甲板边板、舱口角隅及应力集中区的部位,不得设置人孔盖。

当同时在上下两层甲板或平台上设置人孔盖时,它们的位置应错开。如上一层甲板或平台有小舱口盖时,下一层甲板或平台上的人孔盖应设置在小舱口盖投影范围之外。

第二节　小舱口盖

一、小舱口盖的形式

船用小舱口盖按其形状可分为方形、矩形、圆形和长圆形。按其密性可分为风雨密、非风雨密和油密。按其安装后是否高出开孔表面可分为突出式和埋入式。

小舱口盖主要由围板、盖板、铰链、夹紧装置、制止器、锁扣、把手和密封件等组成。较大的小舱口盖为减轻盖板的开启力,还设有平衡块或弹簧铰链。围板和盖板的材料为 A 级船体结构,用碳素钢,铰链钢、制止器、锁扣和拉手等材料为普通碳钢,铰链和夹紧装置中有些零件,如夹口螺栓、带舌插销、销轴等材料为不锈钢或碳素钢,翼型螺母、衬套和滑轮材料为黄铜,双扭簧材料为弹簧钢,密封件材料一般为耐老化橡胶,油密的密封材料应用耐油橡胶。

1. 风雨密小舱口盖

(1) A 型小舱口盖

A 型小舱口盖为方形或矩形突出式舱口盖,如图 6-5 所示,盖板由翼形螺母夹扣与围板紧固,只能从外面启闭。较大的 A 型小舱口盖设有平衡块。

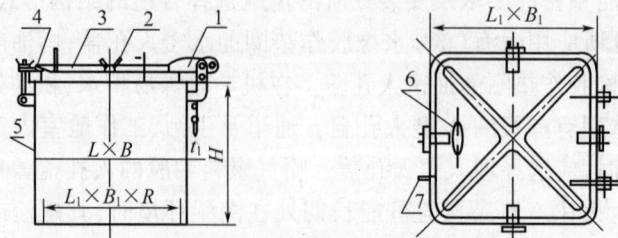

图 6-5　A 型小舱口盖
1—铰链;2—夹扣;3—盖板;4—密封件;5—围板;6—拉手;7—锁扣

（2）B 型小舱口盖

B 型小舱口盖为方形或矩形突出式舱口盖,如图 6 - 6 所示,盖板由楔形把手夹扣与围板紧固,因此可以两面启闭。它用于储物舱和干货舱在露天甲板或非封闭上层建筑内的甲板上的出入口,也可用于内部通道在露天甲板的出入口。

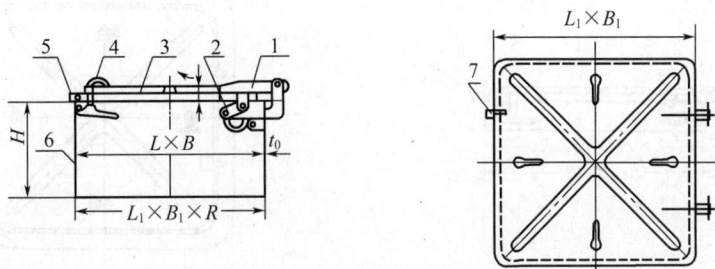

图 6 - 6　B 型小舱口盖

1—铰链;2—制止器;3—盖板;4—楔形把手夹扣;5—密封件;6—围板;7—锁扣

（3）C 型小舱口盖

C 型小舱口盖为方形或圆形突起式舱口盖,如图 6 - 7 所示,盖板由中心旋转把手夹扣与围板紧固,可以从两面快速启闭。由于装有弹簧铰链,故舱盖的开启力较小。它常用于机舱及其他应急脱险通道在露天甲板上的出入口。

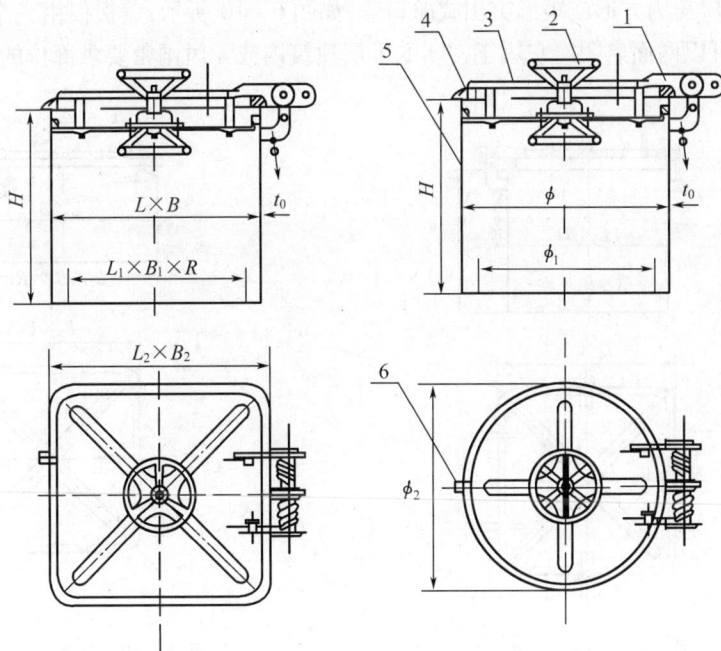

图 6 - 7　C 型小舱口盖

1—铰链弹簧;2—中心旋钮把手夹扣;3—盖板;4—密封件;5—围板;6—锁扣

（4）D 型小舱口盖

D 型小舱口盖为方形或矩形埋入式舱口盖，如图 6-8 所示，由可倒楔形把手夹扣与围板紧固，可以两面启闭。

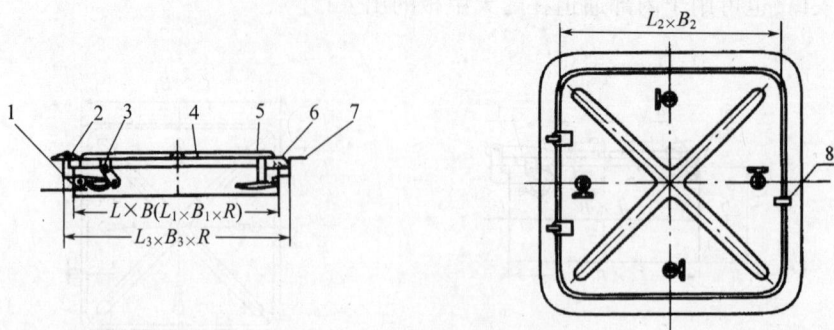

图 6-8 D 型小舱口盖

1—围板；2—铰链；3—制止器；4—盖板；5—可倒楔形把手；
6—密封件；7—围板；8—锁扣

2. 非风雨密小舱口盖

（1）E 型小舱口盖

E 型小舱口盖为方形或矩形突出式舱口盖，如图 6-9 所示，盖板仅由一个翼型螺母夹扣与围板紧扣，单面启闭。它用于封闭的上层建筑或无风雨密要求部位的舱口开孔。

（2）F 型小舱口盖

F 型小舱口盖为方形或矩形突出式舱口盖，如图 6-10 所示，盖板仅由一个楔形把手夹扣与围板紧扣，可以两面启闭。它用于密闭的上层建筑内或无风雨密要求部位的舱口开孔。

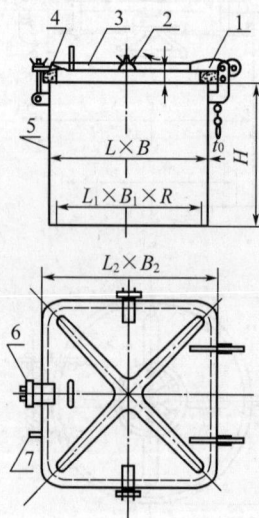

图 6-9 E 型小舱口盖

1—铰链；2—盖板；3—拉手；4—缓冲件；
5—围板；6—翼型螺母夹扣；7—锁扣

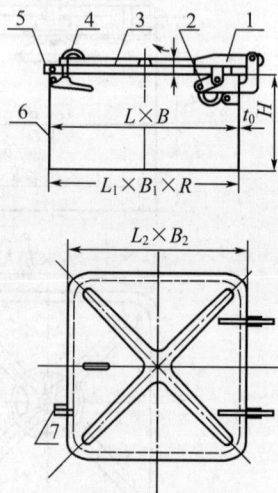

图 6-10 F 型小舱口盖

1—铰链；2—制止器；3—盖板；4—楔形把手夹扣；
5—缓冲件；6—围板；7—锁扣

二、小舱口盖的选择及布置

选择及布置小舱口盖时,必须符合有关公约、规则和规范的规定,另外还应考虑其合理的结构形式和适合的安装部位。通常干货舱或储货舱可以设置带有螺旋夹扣或楔形把手的小舱口盖,并配置挂锁,油舱应设置专门的油舱盖。安装于内部应急脱险通道在露天甲板上的出入口处的小舱口盖,应采用两面可启闭的小舱口盖,并以设置有中心旋转把手夹扣和弹簧铰链的快速启闭的小舱口盖为宜。

设置在上层建筑或甲板室前的露天甲板上的小舱口盖,其盖板应该向船首方向启闭;设置在靠近舱壁(或围壁)处的小舱口盖,与舱壁(或围壁)或扶强材和绝缘之间应留有足够的空间,以保证盖板完全开启后,同时螺旋夹扣的翼形螺母和活节螺栓能顺利地放倒而不会碰到舱壁。

小舱口盖下面需设置斜梯时,舱口的开孔大小应保证人员上下斜梯时有足够的空间。小舱口盖下面需设置直梯时,仅作为人员出入口,则舱口开孔位置应使直梯能在通孔范围内。

当上下两层甲板或平台均设置供人员出入用的小舱口盖时,则这两个小舱口盖位置应错开,否则既不安全,又会影响直梯的安装和舱口盖的启闭。若是专供物品出入需要在上下两层甲板或平台同一位置上设置小舱口盖,则不应设置直梯。

小舱口盖的大小应考虑到船体结构,不得因设置小舱口盖而切断强力构件,如必须切断非强力构件(纵骨或横梁)时,则应对该处结构作加强处理。

第三节 船 用 门

船用门是船舶的一项重要的关闭设备,包括水密门、风雨密门、舱室门及其他类型的门。

水密门是指船舶舷壁甲板以下的水密舱壁上的出入口需设置的门。其形式有滑动式、铰链式和滚动式。滑动式水密门按其结构可分为竖动式和横动式,按其操作方式可分为手动和动力操纵两种形式。

风雨密门是设置于干舷甲板以上的封闭上层建筑、甲板室、机舱棚以及升降口的出入口的关闭装置。国内造船行业中目前常用的钢质风雨密门分为 A,B,C,D 四个等级。其中 D 级门可设置固定圆窗。按门的角隅形状有可分为方角门(F 型)和圆角门(Y 型)。

舱室门对货船来讲是上层建筑内部的一些房舱门,但不包括主甲板外围壁上的水密门。对客船来说是指各层甲板上内部的一些舱门,也不包括甲板上外围板上的水密门和机舱内的水密闸门、网门等。

一、舱室门

各层甲板和上层建筑内部房舱门的主要用途是沟通上层建筑内部的各个区域;对房舱与相邻居住区域或其他区域进行隔音、隔热,并维持房间的温度和湿度;保证房舱具有一定的私密性;船舶一旦发生火警时能应急隔离。

舱室门可分为防火门和 C 级门。

1. 舱室防火门

防火门按防火等级分为 A 级门和 B 级门。A 级门可分为 A - 60 级、A - 30 级、A - 15

级、A-0级;B门级分为B-15级和B-0级。

（1）A级门

A级门是设置在A级舱壁上，且与该舱壁具有等效的耐火性能（包括阻止烟火及火焰穿过的效能）的门，它还具有作为关闭设置所应具有的功能。

如前所述，A级门应当属于A级舱壁耐火完整性的范畴，之所以将它单独列为一类A级分隔，主要是因为如下两个主要原因。

A级门由两类门组成，一类是防火门，一类是水密门。这两类门很难绝对地加以区分。限界线以下水密舱壁（有时即为主竖区舱壁）上的门也能兼起防火门的作用，但由于它们设于水下部位，主要的作用是关闭后保持分隔的水密性，以维持船舶的抗沉性，因此安全公约规定，这类门一般不要求填充隔热材料；在限界线以上部位的A级门，则应首先满足公约和规范对防火性能的要求，再兼及水密性（如有水密性要求的话）。这里主要叙述防火门。

A级防火门同其他A级分隔一样，分为A-60级、A-30级、A-15级和A-0级四个耐火等级，具体选用哪一个等级的防火门应遵循"提供等效于其所在舱壁的耐火性能"的原则，即与所在舱壁有相同的耐火等级，设置A-60级舱壁上的门，也应为A-60级，以此类推。但是有一点例外，即对于船舶上层建筑及甲板室的外门，不作这样的要求。这类通往开敞甲板处所或外道的门，不需要满足防火门的要求。

其结构主要由门框、门板（面板）、芯材（绝缘材料）、拉手、锁链、闭门器、加强板等组成，如图6-11所示。一般根据门的宽度B来设置扶强材，当B≤700毫米时，设两根扶强材；当B＞700毫米时，设三根扶强材。与一般非防火舱室门不同的是，为了防止形成热交接点，扶强材在整个门叶厚度范围内不应贯通，而且应错开布置。

为了控制门叶在火灾状态下的翘曲变形导致烟或火焰的穿透，门叶在门锁一侧上、下部位应作适当的局部加强。

门锁的锁芯及门把手都是贯穿门叶厚度的金属部件，导热很快。虽然在标准耐火试验时允许热电偶偏离锁芯及把手中心线

图6-11 A级防火门

100毫米布置，但锁盒内仍应适当充填隔热材料，以防止背火面温升超过标准。铰链与门叶门框连接处应设有复板，以防止铰链松动。铰链应采用熔点不低于950℃的材料制成，一般采用不锈钢。门锁在标准耐火试验后要求能借助简单工具打开，故主要部件也应采用不锈钢。

A级防火门在结构上的一个特点是除极个别情况（一般仅指无线电报务室通向内走道的门）允许在门上设置尺寸为400 mm×500 mm可踢出的应急通孔外，不允许在门上设置其他开口（包括通风开口）。

所有A级防火门除了要满足耐火性能的共同要求外，在不同种类的船舶上使用时，还需满足各自的特殊要求。

（2）B级门

B级门即B级防火门，是设置在B级舱壁上，且与该舱壁具有等效耐火性能（包括火焰穿过的效能）的门。与A级门相仿，B级门应该属于B级舱壁耐火完整性的范畴，是在B级分隔上开口后对关闭装置要求的问题。基于与A级门同样的理由，将它列为B级分隔中较特殊的一类。

B级门与其他B级分隔一样，分为B-15级和B-0级两个耐火等级，具体选用时应遵循

"提供等效于其所在船舶舱壁的耐火性能"的原则,即与所在舱壁有相同的耐火等级。但对上层建筑甲板室的外门不作要求,这类门不需要满足防火门的要求。

　　B级防火门的构造与A级门相似。其结构主要由门框、门板、芯材(绝缘材料)、踢出口、锁链、拉手、加强材等组成。A级门不允许设踢出口,但B级门不同,除了梯道环围的门上及门下不允许开设通风口外,其余用于走廊舱壁上通往起居处所等舱壁上的B级门上及门下面可允许开设通风口。这种开口如开在门上,则只允许设在门的下部,如图6-12所示。

图6-12　B级防火门

　　这种应急孔的设置,应满足最初半小时标准耐火试验中火焰不从缝隙中穿过,及满足结构背火一面对于温度增高限制(B-15级门)等基本要求。当门上设置应急通孔或通风栅时,应兼顾使用要求和公约的规定。应急通孔一般取为400 mm×500 mm(宽×高),通风栅的净开口面积不得大于0.05 m²,它们均应以不燃材料制作。当这种开口开在门上时,则此开口应设有不燃材料制成的格栅,仅在门上开设开口时,则当门上开口的格栅处于开放状态时,开口的总净面积应不超过上述规定,即透风面积不得大于0.05 m²。不管这种开口是开在门上(门扇下部)还是在门下(门框下),一个或几个这样的开口的总净面积均不得超过0.05 m²。

　　B级走廊舱壁上用作起居处所舱室的B级门,在船体因碰撞等意外原因造成结构变形时可能导致门不能正常开启。为避免人员被困在舱室内,往往在门上设有可踢出的应急孔。例如,在客船上层建筑范围内的旅客舱室内门,就常设有这类应急孔。这种应急孔可单独设置,亦可将通风栅设在其上。这种应急孔的设置,应满足最初半小时标准耐火试验中的火焰不能从缝隙中穿过,并满足结构背火一面对于温度增高限制(B-15级门)等基本要求。

　　2. 舱室空腹门

　　舱室空腹门按其材料可分为舱室木门、玻璃钢舱室空腹门、铝质舱室空腹门等非防火门。

　　(1)舱室木门

　　舱室木门用于内部舱室围壁上,由于其防水防火性能差,以及木材资源日益短缺等原因,目前在海船上已不多见,主要用于国内内河船只或不受国际公约约束的船只(如军舰)。其结构一般是中间为木质框架,两面复三合板或五合板,现在常用塑料贴面胶合板。门叶下部可带通风栅,门的上部可设方扇或圆扇,也可以不带扇。

　　(2)玻璃门

　　用玻璃作门叶制成的门,称为玻璃门。常用于装饰性场合,如餐厅、舞厅、会议室等。一般玻璃门是不防火的,为了达到防火要求,在门的外侧设置"常开型"的防火门。常用的玻璃门有两种:一种是木框式玻璃门;第二种是金属框玻璃门。

　　(3)玻璃钢舱室空腹门

　　这种由玻璃钢材料制成的门,可用在独用盥洗室代替木门。由于玻璃钢不怕水,外表光滑美观,质量轻,在某些军舰上,为了减少船舶自重,也可用作房舱门,但价格高。

　　(4)铝质舱室空腹门

　　铝质舱室空腹门的门板和门框均采用铝合金制作。有的铝质舱室空腹门的门板内部还衬以蜂窝状铝箔,增加门板强度。

　　(5)冷库门

　　冷库门是用于低温冷冻舱室的一类特殊门。

第四节　船用窗

一、船用窗的类型

船上的窗按其设置部位、形式、结构、材料和功用等有多种分类方法。

舷窗有固定式和活动式，前者不能开启，后者可开启，按水密承压能力分重型20 Pa以下、普通型50～100 Pa、轻型(20 Pa以下)。图6－13为重型活动式舷窗。在水密区域里的窗，设有防暴盖，这样的窗在风暴天气时无法保持采光。舷窗为圆形，规格用透光玻璃直径通常有ϕ200 mm，ϕ250 mm，ϕ300 mm，ϕ350 mm，ϕ400 mm几种，视船大小(肋距)选用。兼作逃生口者必须在ϕ350 mm以上。

矩形窗用于无水密要求的上层建筑内，承压小于50 Pa，透光尺寸(宽h_w×高b_w)愈大承压愈低，如图6－14所示。

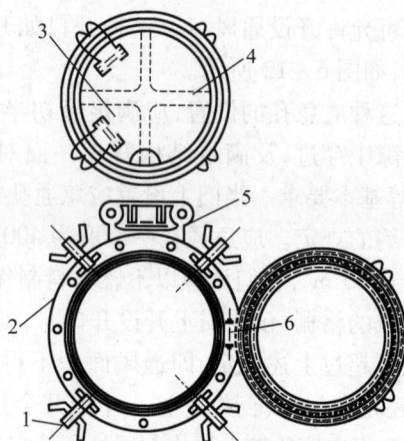

图6－13　舷窗

1—窗座；2—窗框；3—钢化玻璃；
4—风暴盖；5—翼型螺母；6—特种螺母

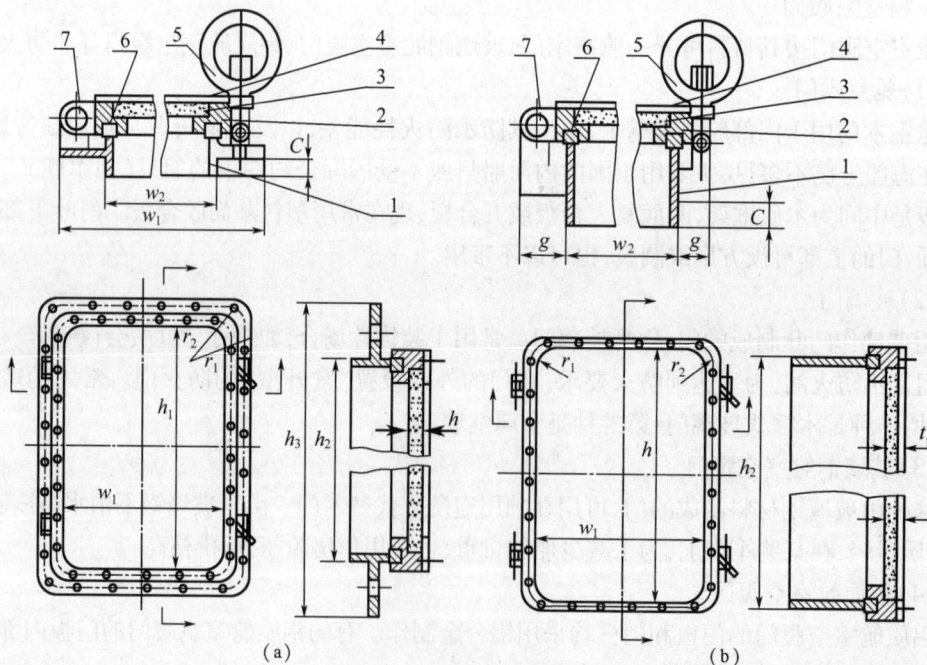

（a）　　　　　　　　　　　（b）

图6－14　矩形窗

1—主窗框；2—窗扁框；3—钢化玻璃；4—玻璃压板；5—锁紧装置；6—密封垫料；7—铰链销

天窗窗盖可开启,盖上圆形或矩形透光玻璃,除采光外还兼作自然通风之用,一般在机舱、炉舱、厨房或小船舱室顶上设置,如图 6－15 所示。

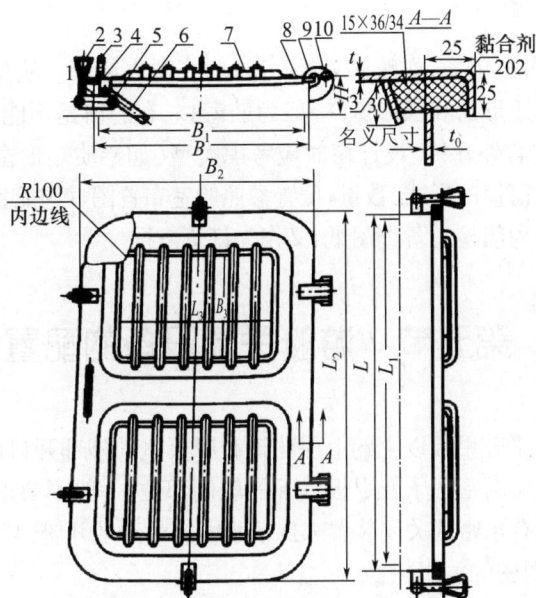

图 6－15　天窗

1—围板;2—螺旋夹扣;3—拉手;4—耳板;5—六角螺栓螺母垫圈;6—支撑;

7—带护栅固定矩形窗;8—盖板;9—密封橡皮填料;10—铰链

二、窗的配备

一般船员舱设一扇窗,高级船员起居室设二扇窗的较多。餐厅、吸烟等公用舱室视舷外壁的地方设 2～4 扇窗。若结构加强不受限制,则限界线以下的人员住舱应设采光舷窗,只是数量应减少到最少。

舷窗,小船一般用 ϕ300 mm,最小 ϕ250 mm,大中型多用 ϕ350 mm 以上。方窗,同样根据肋距大小配以合适的窗,另考虑水密承压要求。透光尺寸有 300 mm × 50 mm,400 mm × 550 mm,450 mm ×600 mm,窗承压 20 Pa。在上层建筑内的一般舱室之窗,大规格的(550 mm ×600 mm,600 mm ×700 mm,800 mm ×900 mm)窗用于要求视野广阔的驾驶室。

三、窗的布置

窗的布置首先应有利于室内较合理而均匀的采光。若舱室相邻两壁都是外壁时,同时在两壁上都开窗,并偏离于两壁交角,有利于整个室内照度的均布。实际上相对两壁开窗能使光分布较为理想,但船上除大厅室或统舱外,一般空舱或居室这样设置的可能性较小,而且相邻两壁都开窗的室也不多。窗仅能一侧布置时,一扇窗最好在室长中部。两扇窗应适当拉开,使两侧也能有一定光照。

应审视全船门窗的设置,对船外观美的影响,每一层甲板窗的大小、高低、形式要尽可能统一,窗高连线应平行于弧线,使窗的间隔分布富有韵律感。

人站立时眼睛高度范围为 1 300～1 700 mm。一般舱室窗的中心线的高度可设在 1 500 mm或1 650 mm 处;游览船要求在座位上时也能观赏外景者例外。

四、船用窗布置图

船舶舱室有各种各样的窗,如舷窗、方窗、落地窗、防火窗等。从材质来分,有钢质窗和铝质窗,从其外形来看有矩形窗和圆形窗(一般为舷窗)。有的窗是不能开闭的,如舷窗;有的窗可开闭(左右内开或左右外开)。设计窗时应考虑类型(如铝质矩形窗且带扫雪器)、数量、中心高度、围壁开口等。窗口的形式、数量、位置参照舱室布置图。与舱室门一起,画出门窗布置图,既作门窗布置图作为船检的备查图纸,又作为订货依据。

第五节　游艇关闭设备的配置

对于甲板艇,所有干舷甲板以上的上层建筑和甲板室的外部开口(包括门、窗、盖)均应有风雨密关闭装置,保证风雨密。干舷甲板以下的舷侧部位,一般不应设置舷窗,如确实有必要设置圆形舷窗,并且要有水密的关闭装置来保证水密。对于敞开艇,某些局部要求保持密闭的开口仍然设有保证风雨密的关闭装置。

一、水密完整性及开口的保护

1. 上层建筑或甲板室的外门、露天甲板上的舱口应设有风雨密关闭装置,风雨密门和舱口盖应与周围结构强度相当。

2. 艏部和舷侧等直接通往舱壁甲板以下处所的门槛高度一般应不小于 250 mm,如艇体储备浮力超过 100% ,此高度可减小至 100 mm。如门槛接近最深水线,应考虑适用时能阻止水进入舱内或防止在开敞舱室内甲板上水蔓延的措施,排水措施可参照本社接收的有关标准。除此以外的上层建筑或甲板室的外门门槛高度一般应不小于 100 mm。所有外门应为船首方向装置铰链,且为外开式。

3. 干舷甲板上的人孔盖和水密舱壁上开口的关闭装置应为水密。

4. 干舷甲板以下处所的舷窗应设有带有铰链的内侧舷窗盖,其装置应能有效地关闭和保证水密。如舷窗的下缘离水线高度大于 500 mm,则可不设内侧舷窗盖。

5. 上层建筑和甲板室的外窗及其框架结构应能保证风雨密。窗玻璃、框架及与侧壁的连接应牢固、可靠,足以承受在其营运水域正常航行时可能遭遇的波浪冲击,且其连接结构应与周围结构相当的强度。

6. 门、窗、盖等设施的最低密性要求

(1)设置在干舷甲板下舷侧的圆形舷窗应满足 1 级密性要求。

(2)设置在露天各层甲板上的风雨密舱口盖,一般应满足 3 级密性要求。但对沿海航区营运限制的船舶上,位于船中之前露天甲板上的风雨密舱口盖,应满足 2 级密性要求。

(3)设置在干舷甲板上的垂直面或稍有倾斜的垂直面上的露天的风雨密门和窗应满足 3 级密性要求。

门、窗、盖密性实验方法如表 6-1 所示:

表6-1 门、窗密性实验方法

密性等级		1 级	2 级	3 级
装艇前的压力实验	水压/kPa	35	14	—
	压水时间/min	3	3	—
	合格标准	试件不漏泄或不永久变形		—
装船后的冲水实验	冲水实验条件	对每一试件冲水持续试件应≥3 min；水柱流量≥10 l/min；冲水软管的水压为200 kPa；喷嘴离试件距离≤2 m；水柱对准试件周边每侧0.05 m内区域冲		
	合格标准（每一试件冲水后进水量）	≤0.051	≤0.51	

复习思考题

1. 人孔盖的作用是什么，有哪几种形式？
2. 人孔的选择和布置要求有哪些？
3. 小舱口盖是怎样进行分类？
4. 小舱口盖的选择和布置要求有哪些？
5. 水密门、风雨密门和舱室门设置在哪些位置？
6. 舱室门有哪些作用，它是怎样进行等级的划分？
7. A级门结构是怎样组成的，设置时需要注意哪些问题？
8. 什么是可踢应急通孔，规范对其有哪些要求？
9. 船用窗分为哪几种，它们分别设置在哪里？
10. 规范对游艇的关闭设备提出了哪些要求？

第七章　游艇的航行与信号设备

第一节　航行设备

　　游艇的航行设备是用来确定船舶的位置、航向、航速、水深、周围目标以及自动驾驶用的设备。它是游艇的眼睛,是保证游艇在广阔大海中准确和安全航行的重要设备。随着电子技术的进步,游艇上的航行设备突飞猛进、日新月异,许多先进的航空电子技术纷纷应用其上,其发展的趋势是集成化、网络化和智能化。

　　早期船艇上配置的航行设备主要是磁罗经和海图。但是,这些设备确定船舶的位置比较复杂,需要船员学会使用六分仪,根据天体的位置来确定船舶的位置。随着无线电技术在船艇上的应用,人们可以利用接收地面导航台的信息方便地确定船舶位置。电子海图的出现和网络技术的应用更使得现代导航设备焕然一新。人们通过网络下载当地最新的海图,还可以获得最新的导航信息。同时,电子海图还可以和雷达显示屏、自动舵、鱼探仪等集成,形成多功能显示器,再添加实时的各种导航信息,使驾驶人员对自己的船尾和周围的情况一目了然。随着计算机技术的发展以及在船艇上的应用,航行设备智能化的特性也显现出来了。人们通过计算机来管理船舶上的各种设施。

一、航行设备简介

　　航行设备是指船舶运动、航行过程中作业必须的设备,它所涉及的内容广泛,一般按照船舶吨位要求配置。

　　1. 航行仪表

　　(1) 航法　是用数学计算或查表来确定航向、航程或推算船位的航行作业方法,又称航迹计算。用数学计算或查表来确定航向、航程或推算船位的航行作业方法,又称航迹计算。一般涉及航向、航程和经差、纬差的换算,经差和东西距的换算等问题。15～17 世纪,航海家们经过长期实践和研究总结出八大航法,形成以平面三角和球面三角的解算为基础的

　　图 7 - 1 中,纬差 = 航程 × cos(航向);东西距 = 航程 × sin(航向)。

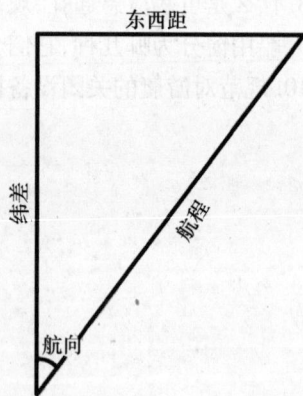

图 7 - 1　平面航法示意图

　　此法计算简单,曾使用了数世纪。但除用于近距离航行外,准确性差。

　　流中航法把流向、流程当作一个附加的航向、航程的航法。用于流中推算船位或计算能抵消流的影响的驾驶航向。

折航法,多航向的航法。计算时先分别求出各航向段的纬差和东西距的总和,再求直航向和直航程,即相当于单一航向和航程。1436 年出现折航表,简化了计算过程。过去帆船抢风曲折航行常使用此航法,现在机动舰船也使用此法。

等纬航法,东西向航行时,涉及东西距和经差换算的航法。这是最简单的球面航法,其关系式为:经差 = 东西距 × sec(纬度),过去在海上不能测定经度的时代常用此法。现在混合航法中也仍使用。

中分纬度航法斜向航行时用中分纬度解决经差和东西距换算问题的球面航法(纬差计算同平面航法)。其关系式为:经差 = 东西距 × sec(中分纬度),当两地(纬度同名)的经度线在某纬度圈上所截弧长等于该两地的东西距时,此纬度称为中分纬度,在该两地平均纬度附近。航程 200 海里以内,可用平均纬度作为中分纬度。航程小于 600 海里,而且纬度小于 60° 时,用平均纬度代替中分纬度计算经差所产生的误差约为 1%。如果要求得到准确值,则要按航海表中的中分纬度修正量表加以修正。中分纬度航法出现于 17 世纪,用以解决平面航法不准确的问题,虽不如墨卡托航法准确,但仍有用。

墨卡托航法是利用墨卡托投影中经度线上的纬度渐长率差进行航行计算的航法,又称恒向线航法。其关系式为:经差 = 纬度渐长率差 × tan(航向)。墨卡托投影是在将球面投影于平面时,使经度线和纬度线同比例地渐长。纬度渐长率差就是两地纬度渐长率之差(纬度同名时相加)。纬度渐长率表发表于 1599 年,可在航海表中找到,它是墨卡托航法的基础。此航法很准确,但当靠近东西向航行时应使用中分纬度航法,因正切在 90° 附近变化很快,航向稍有误差将引起很大的经差误差,如图 7－2 所示。

图 7－2　墨卡托投影

大圆航法采用地球面上两地间最短航线,即大圆航线的球面航法。已知起讫两点的经纬度,可用球面三角的边余弦公式解算由地极和起讫两点形成的三角形求得航程,再用正弦公式计算起讫点的航向。也可利用大圆顶点将该球面三角形分为两个直角三角形以简化计算。这些解法和天文三角形的解法相似,可借用天文航海用表计算。大圆航法发表于 1537 年,由于当时对风、流的知识和测定经度的方法尚未掌握,直到 19 世纪才获得推广。

混合航法是当大圆航线受陆地、冰山或恶劣天气的限制,将大圆航法和其他航法混合使用的航法。此法是将限制纬度作为大圆顶点计算大圆航线,其余按有关航法计算。

航法计算不如海图作业直观、简单,所以一般仅在如下情况使用:①海图比例尺太小,图上作业的准确度不够高时;②在无线电定位和天文定位中,不能直接在海图上作图时;③转向频繁,难以进行海图作业时。

(2)磁罗经　标准罗经、操舵罗经、备用标准罗经,这是应用最久的方位指示器如图 7－3 所示。它是利用地球磁场作为基准测定航向的一种仪器,它是由若干个平行装置的磁棒与一个罗经卡即航向标线盘连成一体,罗经卡的盘面上刻有 0° 到 360° 的方向刻度。罗经卡和磁棒都安装在液缸即浮室上,浮室中央凹处顶部是镶有铱金尖的轴针支撑,可绕轴针自由旋转,在地磁作用下始终维持指向北方。浮室提供的浮力可减小宝石管座与轴针的摩擦力而提高罗经指向的灵敏性。航向标线代表船体中心线,反映出船体当时的实际航向。

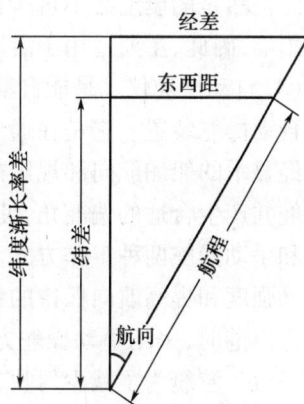

由于船上四处都是钢铁,对地球磁场有影响,因此在船舶完工以后试航时要进行校正。为了避免环境对磁场的影响,罗经装设位置应该是:

A. 罗经附近不应有钢质的旋转物体或手提式电灯(支流),以免出现移动物对磁场的影响。

B. 罗经附近不应有垂向的钢铁结构物,烟囱、桅杆等至少离开7米,各种钢质支柱亦应至少离开2~3米。

C. 若在罗经3米以内有钢质结构物时,应对称船体中线面布置。

D. 前壁等靠近罗经处的大型结构物附近不应设置直流电机。

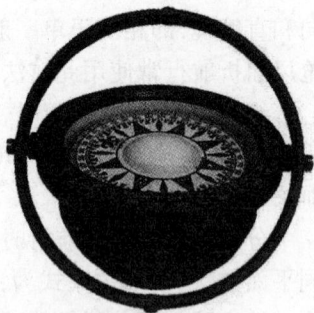
图7-3 磁罗经

磁罗经由于构造简单、性能可靠、使用方便、又不需要供电,所以尽管有很多高精度的导航仪器装配了船舶,磁罗经仍然是船艇上必不可少的导航仪器。但是,由于磁罗经指向精度不高,受到各种因素的影响,因此,主要适用于沿岸航行的船舶,或作为备用罗经。

(3)自动操舵仪　是能自动控制舵机(见舵设备)以保持船舶按规定航向航行的设备,又称自动操舵装置。它是在通常的操舵装置上加装自动控制部分而成。其工作原理是根据罗经显示的船舶航向和规定的航向比较后所得的航向误差信号,即偏航信号,控制舵机转动舵并产生合适的偏舵角,使船在舵的作用下,转向规定的航向。自动操舵仪具有自动操舵和手动操舵两种工作方式。船舶在大海中直线航行时,采用自动操舵方式,可减轻舵工劳动强度和提高航向保持的精度,从而相应缩短航行时间和节省能源;船舶在能见度不良或进出港时,采用手动操舵方式,具有灵活、机动的特点。一般大于5 000吨的远洋船舶应配一台。游艇为了减少驾驶者的劳动强度,一般都配有自动操舵仪。

(4)航迹记录仪　附航向记录仪、方位分罗经、航向分罗经。

(5)电罗经或称陀螺罗经　是利用陀螺仪的定轴性和进动性,使其旋转轴线精确的跟踪地球子午面自动指北,从而成为一种指向仪器,如图7-4所示。其最大优点是不受地磁和船体磁场的影响。电罗经的指向精度高,但结构复杂、体积大、成本高、噪音大、故障率高、维护频繁等缺点,而且必须有电才能工作。因此,电罗经一般不用于小型游艇,而在一些大型高端游艇有所使用。

图7-4 电罗经

(6)其他　如舵角指示器,推进器转速指示器,风向风速仪等。

2. 位置测定装置

(1)雷达,又称无线电定位仪,是利用电磁波的反射来发现目标并测定其位置。雷达探测目标的基本原理与回声测距相似,其发射的电磁波以光速传播,在电磁波的照射下,目标将大部分电磁波散射到四周空间,其中一小部分能量被雷达所接收,借此获得与目标相关的信息。这信息包括目标的距离、速度、外形、大小等。雷达主要包括:收发讯器、天线装置、回波箱、主指示器、副指示器、变流机及各种控制设备,国际航线大于1 600总吨的船舶应带有雷达反射作图器。船舶导航雷达主要保障船舶在江河海洋航行时的安全、防止碰撞,并可根据地物目标测定船位,进行导航,以及在能见度不良的情况下进出港口时观测航道。

(2)双曲线无线电测位,是利用船上同时接收两个无线电发射台的信号,由于船舶距离两个发射台的距离不同,收到的电波的时间与相位也是不同的,这两种差异与从两个发射台到船舶间的距离差异成比例。因此,船位与两个发射台间的距离差异,确定了电磁波轨迹上的一点。如果船上不断地接收从两个发射台发出的电磁波,不难从曲线的交点定位船。实用上采用的双曲线法的电磁波有连续波和脉冲波等。具体的双曲线系统有台卡、罗兰、欧密嘎系统。

台卡系统 台卡系统是英国开发的一种双曲线无线电测位的方法,使用频率 70 ~ 130 kHz,通常需要 4 个发射台,主发射台在三角形中间位置,三个发射台在三角形三个角顶,用主从发射台间形成的三个双曲线交点确定船位。

罗兰 A/C 系统 罗兰 A/C 系统是一种无线电测向仪,基本原理是利用环状天线的方向性,它用一部收讯机接收岸上两个发射台的信号,并测出它们的方向,时间差对照罗兰海图或罗兰表以确定本身的船位。它包括环状天线和辅助天线、收讯机,被偿装置,转换板、变流机、电源板、信号板和蓄电池。频率为 1 800 ~ 2 000 kHz 的脉冲波称为罗兰 A,频率为 100 kHz 的脉冲波为罗兰 C。罗兰 A 在白天船舶的距离为 600 ~ 700n mile,夜间为 1 200 ~ 1 400 n mile,覆盖的面积较小。而罗兰 C 白天传播的距离为 1 200 ~ 1 400n mile,夜间为 1 800 ~ 2 300 n mile,比罗兰 A 覆盖的面积大。

欧密嘎系统 欧密嘎系统是美国开发的一种系统,它利用里超短波(10 kHz、11.33 kHz、13.6 kHz 三种频率),这种超短波是可能利用的最后几个频率带,所以取用了希

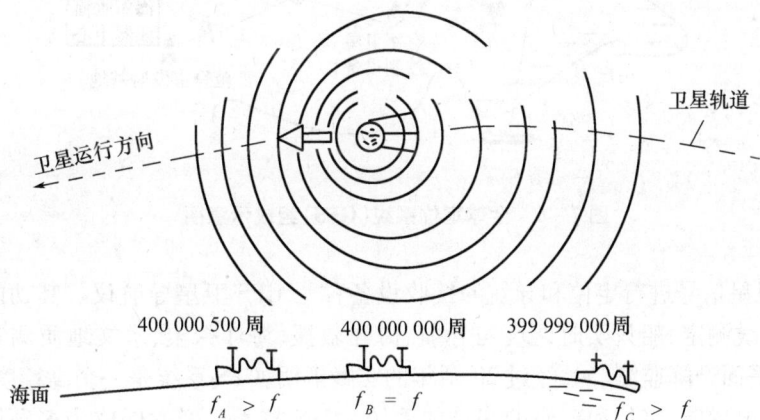

图 7-5 航海卫星定位系统

腊字母中最后一个字母来命名。系统只需在地球上设置 8 个发射台,不论是船舶、飞行器、陆上或水下 10 m 移动物(潜艇)的位置都可以确定,因为利用的是超声波,相位稳定、衰减小、传播距离长。发射台的间距可大些,如 10 kW 发射台电波传播距离在 5 000 n mile 以上,测量的精度高。

(3)NNSS,即航海卫星定位系统,1964 年首先在美国海军使用,1967 年引用民用。船上

的卫星导航接收机,从周期为 106 min,高度约为 1 100 km 的极地轨道(通过南北级的上空)卫星上不断发射来的信号,从而求得船位。所需卫星数量一般为 4 个,多了更好。图 7 - 5 为其概念图。卫星每隔 2 min 发出 400 MHz(399. 968 MHz ± 11 kHz)和 150 MHz(149. 988 MHz ±4 kHz)两种频率的轨道参数。当船接电波时卫星以高速运行,使接收的电波具有多普勒效应,船距卫星近时接收的是高频电波,船距卫星远时接收的是低频电波,通过这种多普勒频率的换算即可求得卫星位置与接收地点间的距离差,从而确定船位,它是一种移动发射电波的双曲线法,通常测定精度为 0.5n mile。

(4)GPS 卫星定位系统。(Global Positioning System)全球定位系统(GPS)是 20 世纪 70 年代由美国陆海空三军联合研制的新一代空间卫星导航定位系统。其主要目的是为陆、海、空三大领域提供实时、全天候和全球性的导航服务,并用于情报收集、核爆监测和应急通信等一些军事目的,是美国独霸全球战略的重要组成部分。经过 20 余年的研究实验,耗资 300 亿美元,到 1994 年 3 月,全球覆盖率高达 98% 的 24 颗 GPS 卫星星座已布设完成。

GPS 卫星定位系统是由用户测量卫星到用户的距离与距离变化率来精确测定用户位置,速度和时间参数。GPS 卫星定位系统由 GPS 卫星网、地面监控系统和 GPS 接收机三大部分组成,如图 7 -6 所示。

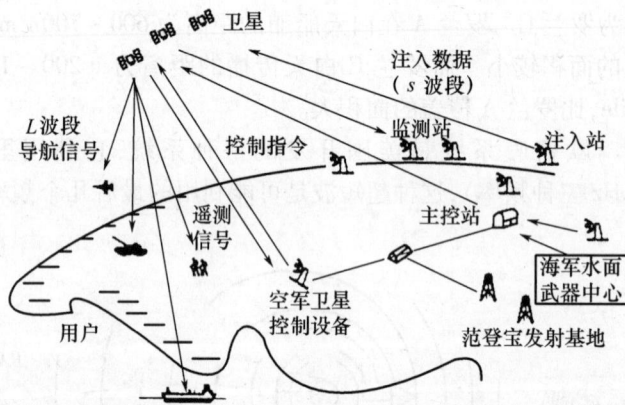

图 7 - 6 全球定位系统(GPS)组成示意图

用 GPS 卫星信号进行定位和导航的接收设备称为 GPS 卫星导航仪。其功能包括远洋船最佳航程航线测定、船只实时调度与导航、海洋救援、海洋探宝、水文地质测量以及海洋平台定位、海平面升降监测等。经过 20 余年的实践证明,GPS 系统是一个高精度、全天候和全球性的无线电导航、定位和定时的多功能系统。GPS 技术已经发展成为多领域、多模式、多用途、多机型的国际性高新技术产业。

(5)船舶自动识别系统(Automatic Identification System, 简称 AIS 系统)由岸基(基站)设施和船载设备共同组成,是一种新型的集网络技术、现代通信技术、计算机技术、电子信息显示技术为一体的数字助航系统和设备。船舶自动识别系统(AIS)由舰船飞机之敌我识别器发展而成,配合全球定位系统(GPS)将船位、船速、改变航向率及航向等船舶动态结合船名、呼号、吃水及危险货物等船舶静态资料由甚高频(VHF)频道向附近水域船舶及岸台广播,使邻近船舶及岸台能及时掌握附近海面所有船舶之动静态资讯,得以立刻互相通话协调,采取必要避让行动,对船舶安全有很大帮助。对于成员人数大于12的游艇,按照游艇规范必须配置船舶自动识别系统。

(6)电子海图。电子海图显示与信息系统(ECDIS)是现代航海的一项新技术,它在保障航行安全和提高操纵船舶工作效率主面发挥着显着作用。ECDIS能自地实时计算本船与陆地、标志物、目的地或者在危物相位置,在计算机上显示电子海图,为驾驶整合了各种相关航行信息的实时监控与显示,将航海技术提升到一个全新的高度。

电子海图显示与信息系统(ECDIS)有如下功能。

海图显示。包括:在给定的投影方式下合成和显示海图(在使用墨卡托投影方式时,可适当选取海图的基准纬度,以减小海图的投影变形);以"正北向上"或"航向向上"方式显示海图;以"相对运动"或"绝对运动"方式显示海图;随机改变电子海图的比例尺(缩放显示及漫游);分层显示海图信息(隐去本船在特定航行条件下不需要的信息)。

雷达信息处理。ECDIS可将雷达图像和ARPA信息叠加显示在电子海图上,提供本船、本船周围的静态目标,本船周围的动态目标三者之间的位置关系。航海人员可据此判断避碰态势,做出避碰决策。同时,还能够在电子海图上检测该避碰决策可行与否。

航路监视。在船舶航行过程中,ECDIS能够自动计算船舶偏离计划航线的距离,必要时给出指示和报警,实现航迹保持。ECDIS还能够自动检测到航行前方的暗礁、禁航区、浅滩等,实现避礁、防浅。

航海信息咨询。获取电子海图上要素的详细描述信息以及整个航线上的航行条件信息,如潮汐、海流、气象等。

航行记录。ECDIS能够自动记录前12小时内所使用过的ENC单元及其来源、版本、日期和改正历史,以及每隔一分钟的船位、航速、航向等。一旦船舶发生事故,这些信息足以再现当时的航行情况。记录的信息不允许被操纵和改变。也就是说,ECDIS应具备类似"黑匣子"的功能。

ECDIS虽然功能很强,但其只是一种助航仪器,其系统本身的局限性、显示误差和故障、使用者对系统设置和使用中的不适当或错误、传感器的误差、备用布置使用上的及时和有效等都要求使用者对其绝不能过分依赖。使用者不仅要充分掌握其性能并充分、适当地利用其功能,而且在航行中充分利用适当的了望和独立于该系统的手段和方法检验系统的有效性和是否有误差,以保证航行安全。

3.计程仪

(1)拖曳式计程仪,曾经在船上广泛使用,现在已被电磁式计程仪替代。

(2)多普勒声纳,是从船底向海底发射超声波,从反射波的时间差而求得船速的方法。其特点是准确性高,灵敏性能好。

(3)水压计程仪,现在使用不多。

(4)电磁式计程仪,这是利用在磁场中运动的导体上将产生与其运动速度成比例的电磁感应的原理,测量船舶在航行中的瞬时速度并累计航程的导航仪器,用于指示瞬时速度、累计航程,并可给雷达、卫星导航仪器提供航程信号。其特点是灵敏度高,尤其在低速航行时的测速精确,它还可以测量船舶后退时的航速。

4.测探机

(1)测铅(led),每船配手用测铅,深海测铅。浅水水域航行时,可以用其测量水深。一般可测30米以内,船舶静止时测深可达60 m。

（2）水压式测探仪，是利用水压与水深成正比的原理，根据测深玻璃管内化学涂层变色的长度确定水深。它的测量深度可达180 m，但误差较大。

（3）回声式测探仪，是利用压电式换能器发出和接受超声波，以探测水域深度的装置，可供测量水深、分析海底地貌、绘制海图及导航用。大于或等于500总吨的船舶要求配用。

5.天文航海仪器

（1）六分仪，是由望远镜、动镜、水平镜、泸水玻璃、示标杆等组成，因其弧长为全圆的1/6而得名。用它可测得天体与水平线的夹角，从而知道天体的高度，根据天文钟以及航海历书能确定船位。

（2）航海天文钟，其读数代表格林尼治时间，周误差不大于10 s，用一天文计算确定船位。

（3）索星卡或星球仪，是一种根据星的高度与防卫确定星名，是预先选定要观测的星的工具。

（4）秒表。

（5）船钟，一般布置在驾驶室、机舱、海图室、无线电报室等。

6.气象仪器

气象仪器有无液气压计、温度计、自动气压记录器、干湿球温度计、气象传真接收机、水温计、风向风速计或手提风速计等。

7.光学仪器

光学仪器通常有7×50双筒望远镜、看图放大镜等。游艇规范要求在夜间航行的游艇配置夜视仪。

夜视仪是以像增强器为核心器件的夜间外瞄准具，其工作时不用红外探照灯照明目标，而利用微弱光照下目标所反射光线通过像增强器在荧光屏上增强为人眼可感受的可见图像来观察和瞄准目标。其工作原理分为五个步骤：

（1）用一种特制的透镜，能够将视野内物体发出的红外线会聚起来。

（2）红外线探测器元上的相控阵能够扫描会聚的光线。探测器元能够生成非常详细的温度样式图，称为温谱图。大约只需1/30 s，探测器阵列就能获取温度信息，并制成温谱图。这些信息是从探测器阵列视域场中数千个探测点上获取的。

（3）探测器元生成的温谱图被转化为电脉冲。

（4）这些脉冲被传送到信号处理单元——一块集成了精密芯片的电路板，它可以将探测器元发出的信息转换为显示器能够识别的数据。

（5）信号处理单元将信息发送给显示器，从而在显示器上呈现出各种色彩，色彩强度由红外线的发射强度决定。将从探测器元传来的脉冲组合起来，就生成了图像。

8.海图作业仪器

这类一起为量角器、三杆定位仪、两脚规、平行尺或三角板、倾斜仪等。

9.船用计算器

包括排水量计算，舱容计算、纵倾，纵强度计算，稳性计算，天体测量计算。

10.回转速度指示器

通常大于100 000总吨的船舶才要求配置该仪器。

二、游艇航行设备的配置

根据《游艇建造规范》游艇的航行设备的配置情况如下：

1.每艘游艇应配备一只磁罗经。由于航行的特殊性,安装磁罗经没有必要,经同意,可不要求安装磁罗经。

2.每艘游艇应配备一只舵角指示器,对于配备舵角指示器不切合实际的游艇,经同意,可不配备舵角指示器。

3.对于在相当沿海航区营运限制水域航行的游艇,每只游艇还应配备一只卫星定位仪(GPS)和一只测深议。

4.对于夜航行的游艇,每只游艇还应配备一台雷达。对于高速夜航游艇,每只游艇应配备一台夜视议。

5.对载员大于等于12人的海上航行的游艇,应安装自动识别系统(AIS)一台。如设置自动识别系统不合实际,经同意,可免设。

第二节　信号设备

一、信号设备介绍

信号设备主要是指号灯、闪光灯、号型与号旗、声响信号器具等。

1.船灯

根据船舶的避让规则规定的布置地位要求如下。

(1)桅灯:前、后桅灯,白色,方位点20,角度225°,可见距离5n mile。

(2)舷灯:左红色,右绿色,方位点10,角度112.5°,可见距离2n mile。

(3)尾灯:白色,方位点12,角度135°,可见距离2n mile。

(4)停泊灯:抛锚灯,白色,方位点32,角度360°,可见距离3n mile。

(5)红灯:是操纵失灵灯,红色,方位点32,角度360°,可见距离2n mile。

(6)信号灯:主要用于通信、操纵,有手提式,旋转坐架式,桅顶式通信闪光灯等。

2.信号器具

信号器具包括号型、号旗与音响信号工具。

(1)雾角。

(2)黑球,一般直径大号为610±10 mm,小号为410±10 mm。

(3)黑色圆锥物,一般直径大号为610±10 mm 小号为410±10 mm,高等于二位直径。

(4)火箭或曳光弹,如音响火箭,声音如放炮,可听距离不小于2n mile,表示我们遇难需要援助;红星火箭,光度20 000 支烛光,高度150 米,发出5 至6 个红星,燃烧时间8 至15 秒,作用同音响火箭。

(5)降落伞式信号火箭,爆炸后发出红光和降落伞,光度20 000 支蜡光,高度150 米,持续40 s,也是表示需要援助。

(6)蓝色火焰信号,可发出蓝色火焰,燃烧1min,光度600 支烛光,每隔15 分钟发一次表示我船需要引水。

(7)号钟。

(8)锣,一般船长超过106 m 的机动船上配置。

(9)汽笛、电笛声号,要求可听距离达2n mile,声号分短声和长声,短声是1 m,号间距

1 m,长声是 4 至 6 m,组间隔 6 m。例如:

1 短声表示我船正向右转向,要求我左舷会船;

2 短声表示我船正向左转向,要求我右舷会船;

3 短声表示我船正向后移动,或有后退倾向;

4 短声表示不同意你的要求;

5 短声表示怀疑对方是否已经采取了充分避让行动,并警告对方注意;

1 长声表示我将要离泊;我将要横渡;

2 长声表示我要靠泊或我将要通过船闸;

3 长声表示有人落水,等等;

长短声组合又表示出不同的意义,如 3 短 3 长 3 短,表示求救,即 SOS 莫氏信号。

(10)旗号,包括国际信号旗、手旗、本国旗、标志旗、数字旗、代用旗等。

国际信号旗有 40 面,其中 26 面拉丁字母旗(A~Z),10 面数字旗(0~9),3 面代用旗,1 面旗回答旗,见附图 1 和附图 2。通常 1 面字旗为通用或紧急通信用;2 面字旗主要用于紧急通信;3 面字旗表明通信要领;4 面字旗表示船名和地名等。详细查阅国际信号明码手册。国际信号旗主要尺寸如表 7-1 所示。

表 7-1   国际信号旗主要尺寸

旗号	长方形 $L \times B$ /mm		长方形 $L \times B \times L1$ /mm			三角形 $L \times B$ /mm		数字旗 $H \times B \times B1$ /mm		
1	2 100	1 800	2 400	1 800	800	2 700	1 800	4 500	1 300	300
2	1 350	1 200	1 600	1 200	530	1 800	1 200	2 500	900	200
小 2	1 030	900	1 200	900	400	1 350	900	1 900	600	150
3	700	600	800	600	270	900	600	1 200	380	100
4	500	350	630	350	210	700	350	750	250	60

手旗每套两面,颜色与图案为国际信号旗的 O 和 P 字母,但尺寸为 350 mm × 350 mm。中华人民共和国国旗有 5 种规格,如表 7-2 所示。

表 7-2   中华人民共和国国旗尺寸

号数	1	2	3	4	5
长度	2 880	2 400	1 920	1 440	960
宽度	1 920	1 600	1 280	960	640

通常排水量为 10 000 吨级的船舶配 2 至 3 号,5 000 吨级的配 3 至 4 号,2 000 到 3 000 吨级的配 4 至 5 号,1 000 吨级以下的配 5 号国旗,其中小一号的旗用于航行时,而大一号的旗用于节日。一般,国旗在尾旗杆上,公司旗在首旗杆上。

3.船内通信设备

船内通信设备包括传音筒;传令钟;无线电通信装置;船用电话;信号报警装置;舵角指

示器。

二、游艇信号设备的配置

对于艇长为20米及以上的游艇,根据游艇航行的水域,信号设备应符合《船舶与海上设施法定检验规则》或《内核船舶法定检验规则的要求》。对于艇长小于20米的游艇,信号设备应符合以下规定,但信号设备产品性能应负荷上述规则要求。由于游艇尺度或用途上原因以及某些特殊水域的游艇,若按规定配备和安装信号设备不合理或不切和实际,经同意,可以调整。

各种信号灯的可见距离见7-3表。

表7-3　信号灯的可见距离

艇长 L	$20 > L \geqslant 12 (m)$	$L < 12 (m)$
桅灯	3n mile	2n mile
舷灯	2n mile	1n mile
尾灯	2n mile	2n mile
环照灯	2n mile	2n mile

信号设备按7-4表配备。

表7-4　信号灯的配备

艇长 L	$20 > L \geqslant 12 (m)$	$12 > L \geqslant 7[1] (m)$	$L < 7[2] (m)$
桅灯	1	1	1
左舷灯	1	1	1
右舷灯	1	1	1
尾灯	1	1	1
红环照灯(失控灯)	2	2	
白环照灯(锚灯)	1	1	
三节电池手电筒	1	1	1
小型球体	3	1	
小型号笛	1	1[3]	1[3]
号钟	1	1	
国旗(5号)	1	1	1

注:①可用一盏环照白灯和舷灯代替桅灯、左右舷灯、尾灯,舷灯可用双色灯代替。②可用一盏环照白灯代替桅灯、舷灯和桅灯。③可配置能够鸣放有效声号的设备代替。

关于信号设备在艇上的安装位置,有以下一些要求:

1.长度为12 m或12 m以上的游艇,其桅灯安置在艇体以上的高度应不小于2.5 m。

2. 长度小于 12 m 的游艇,可以把最上面的一盏号灯安装在艇体以上小于 2.5 m 的高度,但除舷灯外,还应装设一盏桅灯或代替桅灯的环照白灯,则该桅灯或环照白灯的设置至少应高于舷灯 1 m。

3. 舷灯安置在艇体以上的高度,应不超过前桅灯高度的 3/4。

4. 舷灯如并为一盏,则应安置在低于桅灯不小于 1 m 处。

5. 当垂直装设两盏或三盏号灯时,这些号灯的距离不小于 0.4 m,其中最低一盏号灯应设置在驾驶室顶甲板以上高度不小于 0.5 m 处。

6. 当垂直安装两盏以上号灯时,其间距应相等。

号灯的水平位置和间距规定如下:

1. 长度为 20 m 或 20 m 以上的游艇,舷灯不应安置在前桅灯的前面;如果只设置一盏桅灯,舷灯可设置在桅灯前面。

2. 桅灯应装在艇中前部,长度小于 20 m 的游艇不必在艇中前部设置,但应尽可能设置在靠前的位置。

桅灯应安装在游艇纵中剖面上,号灯的垂直距离至少为 1.5 m。

第三节　通信设备

一、甚高频无线电话

甚高频无线电话,英文名:VHF – Radiotelephone 或 VHF – RT,它是船舶 VHF 设备话音终端,主要用于海上近距离通信,如驾驶台对驾驶台的通信和救助现场的通信,通信时使用的频率是 VHF 波段。VHF 通信设备是 GMDSS 中 A1 海区的主要通信设备,是实现现场通信的主要手段,也是实现驾驶台与驾驶台之间通信的唯一手段。

根据 1988 年 SOLAS 公约修正案要求 GMDSS 船载无线设备配置要求航行与 A1 – A4 海区的船舶不仅要求配备能进行话音和数字选择性呼叫 DSC 通信的 VHF 无线电话通信设备,还要求配备 3 台救生筏上使用的双向 VHF 无线电话通信设备,并对航行在 A1 海区的船舶可以配置 VHF EPIRB 用以代替卫星 EPIRB 进行船对岸的遇险报警。VHF 通信设备主要功能为:

1. 港口和引航业务,实现有关港口、引航作业处理、船舶的行动和安全以及在紧急情况下有关人员安全的通信;船舶动态业务通信。

2. 公众通信。

3. 驾驶台与驾驶台间的通信,实现有关船舶操作、安全避让、定位导航等通信。

4. 近距离的遇险报警、搜救协调通信、搜救现场通信。

VHF 通信系统由岸台和船台组成,可用来实现船岸间或船舶间近距离通信,同时通过岸台的转接还可实现船台与陆地公众网用户间的通信。VHF 电台无论岸台或船台都包括发射机、接收机和天线。船台的收发机合在一起,岸台可以分设。如图 7 – 7 所示为 JHS – 31VHF 无线电话设备的组成方框图。它包括双工器、发射机单元、接收机单元、控制单元、DSC 单元、电源单元及作为控制器或遥控器的面板单元、显示单元、外围设备(扬声器、受送话器、键盘)等。

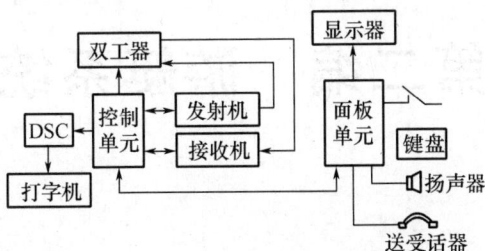

图7-7 JHS-31VHF组成框图

VHF无线电话有单工、双工和半双工三种工作模式。

1.单工方式:按下话筒上的PTT(Push To Talk)开关,发射机发射,接收机自动关闭;松开时发射机关闭,接收机开始接收。船舶间通信只能使用此模式。

2.双工模式:通话时双方通信进行收发的一种操作模式。

3.半双工模式:接收机一直处于接收状态,发射机还是由话筒上的PTT开关控制,按下发射,松开关闭。

二、游艇通信设备要求

对于游艇无线电通信设备,有如下要求。

1.海上游艇应配备一台固定安装的甚高频无线电话装置,以便与岸、艇与艇进行通信,甚高频无线电话装置应安装在驾驶室。

2.甚高频无线电装置至少具有电话功能。对于在沿海航区营运限制航行的,甚高频无线电装置还应具有数字选择性呼叫(DSC)功能(至少满足国际电信联盟规定的D级DSC的要求)。

3.对于在相当沿海航区营运限制航行的游艇,如载员设有救生艇筏,应配备一只雷达答应器和一只便携式双向甚高频无线电话。

4.对于敞开式游艇,可仅配便携式甚高频无线电话设备。

5.对于在内河湖泊航行的游艇,如果安装甚高频无线电话装置不切实际,可安装其他适用的无线电通信装置,但应经同意。

复习思考题

1.什么是游艇的航行设备,它包括哪些内容?

2.自动操舵仪的工作原理是怎样?

3.电罗经有哪些优点?

4.规范对游艇航行设备的配置有哪些要求?

5.信号设备包括哪些内容?

6.怎样给游艇配置信号设备?

7.什么是甚高频无线电话?

8.游艇通信设备有哪些要求?

第二编 游艇系统

第八章 游艇系统总论

第一节 船舶通用系统分类及构成

船舶系统是保证船舶不沉性、防火安全和航行性能以及为满足船员和旅客管理上与生活上需要的设备,它包括管路及其附件、机械、器具和仪表等。它是为船舶正常营运创造条件而与船舶动力装置工作无关的管路。

一、舶系统装置的要求

(1)对船舶所有的系统,要求有大的可靠性和生存力,也就是说工作无故障,即便在不利情况下,也能维持一般的航行要求。

(2)所有系统管路每隔一定距离,应用吊架或支架为其系固,防止做任何方向的移动,但不得妨碍管子因温度所引起的膨胀。

(3)管路上应有膨胀设备,如利用管子本身弯曲作为此项目的时,其弯曲半径和两弯曲中心间的距离,均不得小于3倍管径,而管子弯曲部分的长度,不得小于8倍管子的直径。

(4)当船舶遭遇海损时,须有足够能力来排除侵入船里的海水。

(5)船舶系统应遵守重量规定,并照顾美观,尤其是内河客船,尽量避免管子通过旅客往来要道、俱乐部、餐厅及天窗等区域。

二、船舶系统的分类

船舶系统根据它的用途及所执行的功能性不同,主要可分为下列几类。

舱底水系统 其主要作用及时将机炉舱和货舱的舱底积水排至舷外。

压载水系统 其作用是根据船舶的营运需要,对全船压载舱进行注入或排出的操作。

灭火系统 包括水灭火系统、蒸汽灭火系统、二氧化碳灭火系统和泡沫灭火系统。其作用是预防和阻止火灾的发生和蔓延,并可迅速灭火,将火灾的损失减至最低程度。

日用海淡水系统 其作用是满足船员和旅客的日常生活用水需要。包括饮用水系统、洗涤水系统和卫生水系统。饮水系统主要供应炊事用水、饮用水和医疗用水等。洗涤水系统主要供应浴室、洗衣室、洗物池和洗盆等处的冷热洗涤水。卫生水系统从舷外吸取海水供厕所、洗脸间和浴室等处冲洗用。

通风系统 其作用是对货舱、机舱、客舱和船员住室、工作室等进行通风,排除废气,补充新鲜空气。通风系统有自然通风系统和人工通风系统等。

空调系统 其主要作用是将外界空气进行滤尘、加热、加湿后,再把经过加工处理后的空气送至各个舱室,舱室内的空气具有适宜的温度、湿度、纯度和速度,以改善船员和旅客的生活和工作条件以及货舱的运输条件。

供暖系统 其主要作用是保证冬季航行舱室的温暖舒适,按照工作介质的不同,可分为热水供暖系统、蒸汽供暖系统以及电热和热风供暖系统。

当然,对于一些特殊功能的船舶还具有一些特殊的系统,以上介绍的都是船舶基本具备的系统。对于游艇而言,当然首先是具有以上的基本系统,只是由于游艇尺度比较小,游艇的系统比一般船舶系统要简单。当然,有些游艇也具有一些特别的系统,如现在豪华游艇配备的反导弹系统等。

第二节 管子及附件

一、管子种类

由于船上各种管路种类繁多,其工作介质的压力、流量及腐蚀性也各不相同,因此,就需要船用管材分别具有各种不同的性能来满足这些要求。下面仅对几种常用的管材进行介绍。

1. 无缝钢管(碳钢与低合金钢)

无缝钢管的材料牌号:优质碳素钢为 10 号、20 号等;普通碳素钢为 Q235 – A 类等;合金钢为 10Mn2/15MnV 等;不锈钢为 10Ti/1Cr18Ni10Ti 等。

无缝钢管的特点是强度高和工艺性好。所以,在船舶各管系选材中被广泛的使用。有这样几个原则:首先,Ⅰ级管和Ⅱ级管必须使用无缝钢管;其次,蒸汽管、压缩空气、控制空气、燃油、滑油、液压、冷却水、消防水、舱底压载等系统一般也要使用无缝钢管;再次,油舱内加热盘管及化学品船的液货和相关管系要使用无缝不锈钢管。

2. 焊接钢管

除必须使用无缝钢管的管系外,均可使用焊接钢管。但是Ⅰ级管和Ⅱ级管选用焊接钢管时必须经过船级社认可的工厂按认可的焊接工艺制造。

3. 无缝铜管

无缝铜管常用的有紫铜管和黄铜管两种,紫铜管是由含铜量99.5%以上的纯铜拉制或挤制而成,黄铜管由铜基合金制成,两者相比较,紫铜管的韧性稍高一些,黄铜管的强度稍高一些。紫铜管的材料牌号有 T1、T2、T3、T4、TUP 等,黄铜管的材料牌号有 H68、HSn70 – 1、HPb59 – 1、HFe59 – 1 – 1 等,因制造厂供应的铜管均没有退火,所以在加工过程,首先应对弯曲部位进行退火,退火的温度一般为 550～650 ℃。

无缝铜管与无缝钢管相比较,它最突出的特点就是耐腐蚀性大大优于无缝钢管。当然,它的强度相对低一些,特别是经退火以后,它的强度大约降低30%。有这样几个原则:首先,Ⅰ级管和Ⅱ级管可选用无缝钢管;其次,海水冷却系统的海水泵的洗排主管道可选用无缝铜镍管或无缝铝黄铜管;再次,仪表管应采用无缝铜管。

4. 双金属管

所谓的金属管是指管子由两种不同的金属组合而成的,即外层由 10 号优质碳素钢制成,内层由 T4 铜制成。所以,这种管子具备了无缝钢管和无缝铜管的双重特点,既有较高的强度又有较强的耐腐蚀能力。这种管子的缺点是工艺性相对差一些。

5. 塑料管

船用塑料管由耐冲击的硬聚氯乙烯材料制成。它的特点是质量轻、耐腐蚀,但耐温和耐火性差。

目前,塑料管所输送的工作介质的温度要限制在 0～60 ℃,最大允许内压力应不大于在其使用温度下的爆破压力的 1/4 可用于Ⅲ级管路中的液货、原油清洗、滑油、液压油、舱底水等。

6. 玻璃纤维增强塑料管

玻璃纤维增强塑料管属于复合型材料,以树脂为黏接剂,以玻璃纤维及其制品为增强体的复合材料。船上所用的玻璃纤维增强塑料管,主要用于油船的专用压载水管。但因价格较高,一般在船东要求下才使用。

二、管子的选用原则

各种管路所用的管子材料的选择应根据管路的用途、介质的种类和参数而定。总的原则是:在满足使用要求、保证工艺要求的前提下,尽量降低经济成本的原则。一般各种管路都采用钢管,仪表管采用无缝铜管。特殊情况,除钢管外,可按船东要求选用下列管材。

1. 海水冷却管,可使用镀塑钢管、铜合金管。
2. 油舱加热盘管,可采用铜合金管或不锈钢铜管。
3. 油船专用压载水管,可用玻璃纤维增强塑料管。
4. 引水管,可用不锈钢管。
5. 化学品船的液货管路及相关管路,应采用不锈钢管。

三、管路的连接

1. 螺纹连接

螺纹连接通常用成品的螺纹接头作为连接件,如图 8 - 1 所示;一般用于管径在 150 mm 以下的管子上,各种工质压力的管路均可使用,为了便于管路变向,改变流道截面和拆装检修,除直接螺纹连接外,还有 45°、90°、T 型、十字型和活络接头等。

2. 法兰连接

法兰连接又称凸缘连接,是最可靠的连接方法之一,适用范围较广,但外形尺寸和质量都比螺纹接头大。扁圆形法兰,这种连接易于拆装,用于较小管径的管路,如图 8 - 2 所示。

3. 夹布橡胶管式连接

将一段夹布橡胶管分别套于两根待连接的管子外壁上,而后用金属夹子固定。这种方式适用于低温、低压、小口径油水管上。其特点是结构简单,安装方便,有一定的弹性,自由度大,且质量轻,但寿命短,耐热耐压性差。

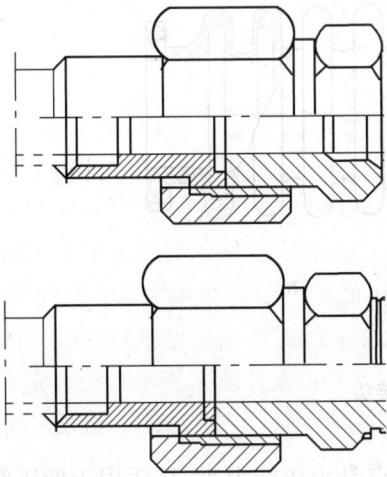

图 8 - 1 螺纹接头

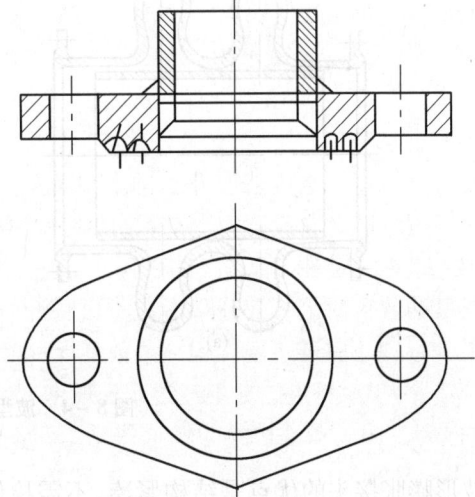

图 8 - 2 法兰连接

4.膨胀接头

由于管路固接于船体上,当船体变形或管路受热膨胀时,管子将产生很大的内应力,以致破坏连接处的紧密性而造成漏泄,严重时造成管子弯曲或破裂。因此管路中常设有膨胀接头。一般膨胀接头有二种形式。

(1)弯管式膨胀接头

(a)和(b)适用于高温蒸汽管路,(c)则用于温度较低的管路,如图 8 - 3 所示。其优点是补偿能力大、易于加工、使用方便、不需维护;缺点是占的位置较大,对工质阻力亦大,接头材料易于产生疲劳。

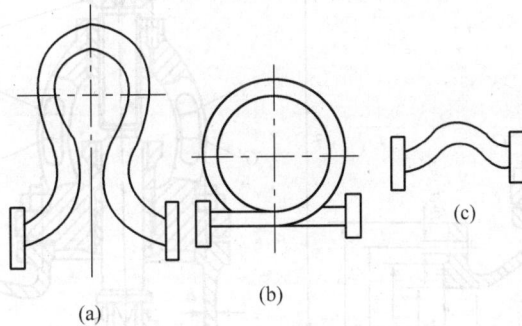

图 8 - 3 弯管式膨胀接头

(2)波形膨胀接头

(a)钢质波形膨胀接头,其内部焊有一根中间固定(也有一端固定)的光管。适用于采用脉冲增压的柴油机排气管路,这种形式既防止了柴油机排气的压力损失,又适应了管路的热胀冷缩。(b)胶质波形膨胀接头,也有采用钢和铜质的。前者主要用于管路较长的低温的压载水和舱底水系统,后者用于高温的柴油机排气管路和某些分油机管路,如图 8 - 4 所示。

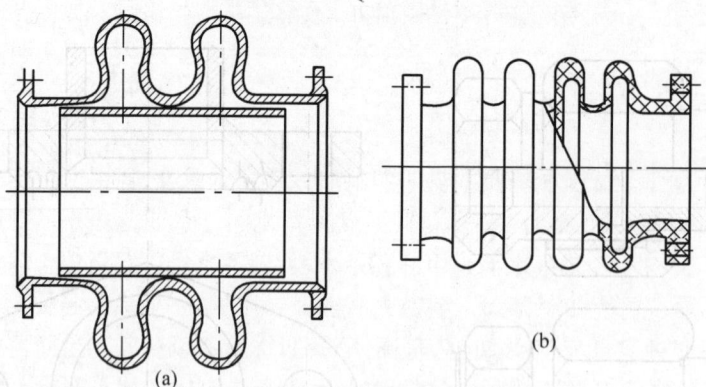

图 8 - 4　波型膨胀接头

波形膨胀接头的优点是结构紧凑,不需检修;缺点是承压能力小,只适用于低压管路、补偿能力小、使用寿命短。

四、管路上的常用阀件

1. 截止阀

用来切断或接通管路中工质的流动,也可调节流量。安装时必须严格按照箭头流动方向。如标志不清,可按"低进、高出"来判断进出口。图 8 - 5 所示为法兰截止阀,图8 - 6所示为螺纹截止阀。

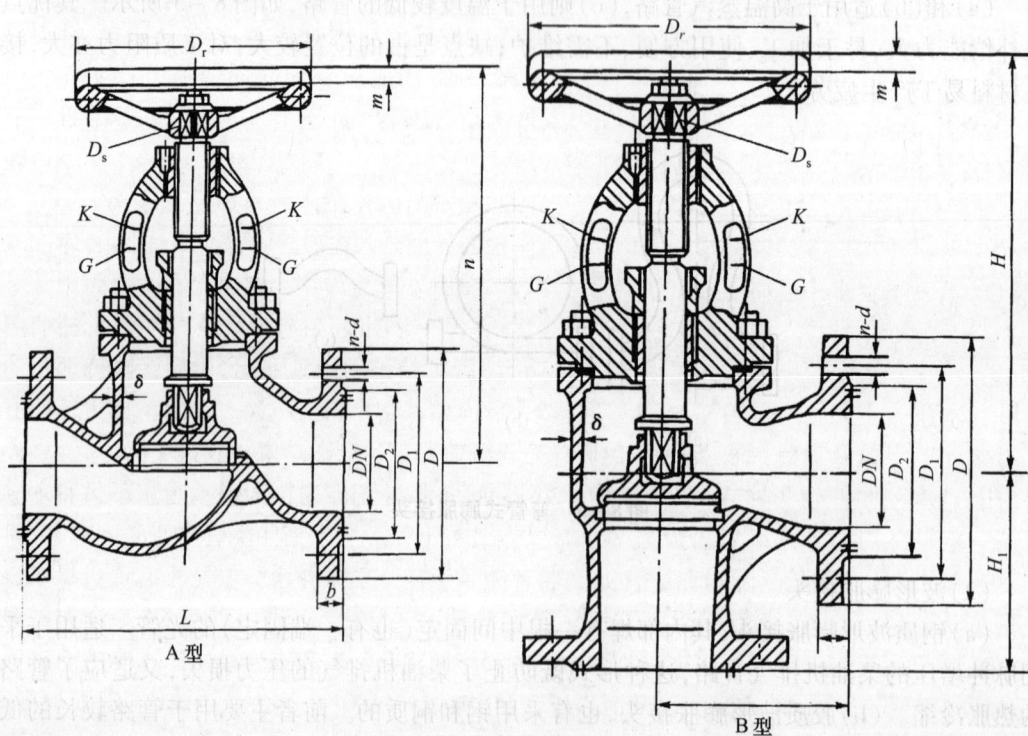

图 8 - 5　法兰截止阀

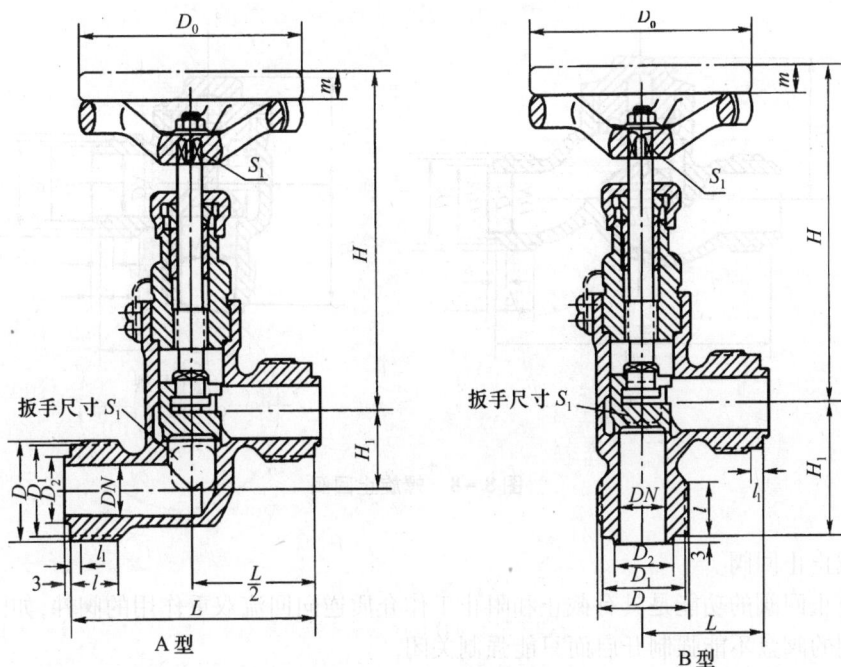

图 8-6 螺纹截止阀

2. 止回阀

止回阀是一种能够控制工作介质只能沿着一个方向流动,若工作介质回流时,它能自动关闭的阀门。它安装在只允许工作介质单方向流动的管路上,如图 8-7 和图 8-8 所示,是一种常用的重力式止回阀。

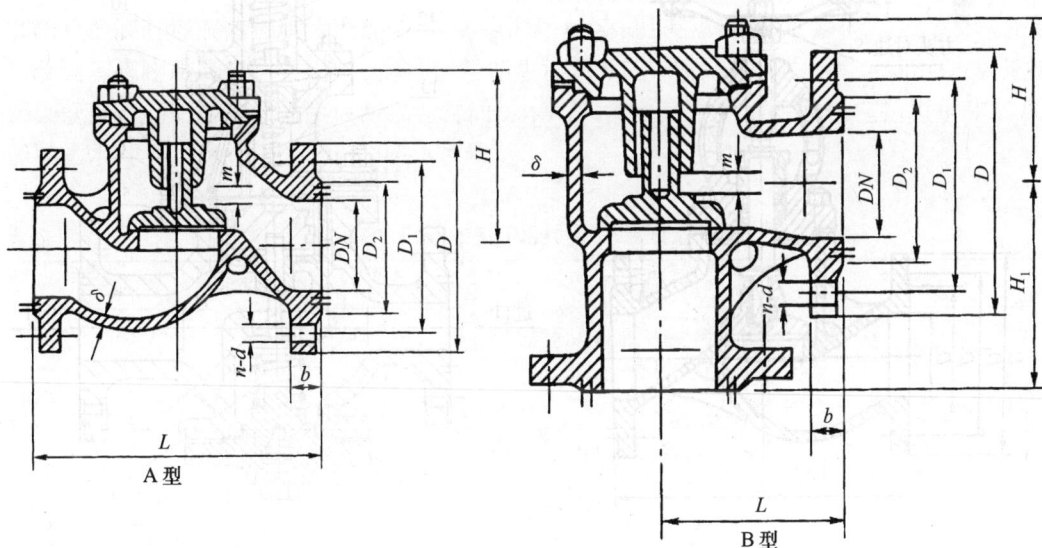

图 8-7 法兰止回阀

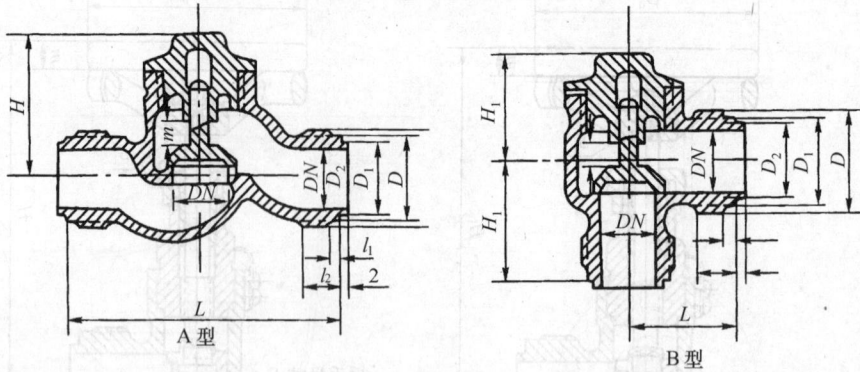

图 8-8 螺旋止回阀

4. 截止止回阀

截止止回阀的功能是具有截止和阻止工作介质逆向回流双重作用的阀件,如图 8-9 所示。该阀的阀盘不能强制开启而只能强制关闭。

5. 减压阀

减压阀是一种能够将主管路中或压力容器中的工作介质的初始压力降低到适合低压系统应用的阀门。其种类有蒸汽减压阀、空气减压阀、海水减压阀等。由于被减压的工作介质不同,这些减压阀的结构也有区别,然而他们的工作原理是相似的。蒸汽阀如图 8-10 所示。

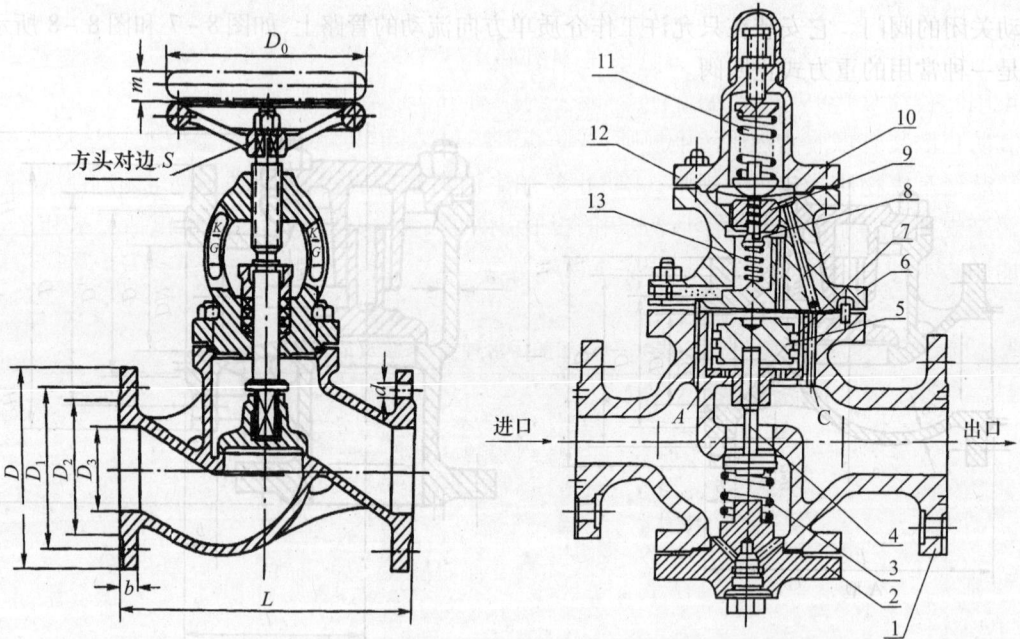

图 8-9 截止止回阀

图 8-10 蒸汽阀

1-主阀体;2-下盖;3-主阀弹簧;4-主阀盘;5-活塞;
6-副阀本体;7-活塞环;8-副阀盘;9-副阀座;10-膜片;
11-调整弹簧;12-上盖;13-副阀弹簧

6. 闸阀

又称闸门阀,闸阀的作用基本与截止阀相同,由于外形尺寸、流通截面积大;工质流经阻力小且不受流向限制;开关省力,常用于低压大口径管路。图 8 – 11 所示为法兰铸钢闸阀。

闸阀分为二种:(1)阀杆不向外移动的闸阀,其优点是高度尺寸较小,开启与关闭其高度均不改变。缺点是当转动手轮时无法知道内部闸板位置,需在阀的上部加设一套行程指示器。其阀杆、螺纹在本体内与工质接触,易腐蚀与损伤;(2)阀杆向外移动的闸阀,其优点是开启时阀杆向外伸出的高度即表示了闸板的开启高度,且阀杆螺纹位于本体外部,与工质不接触,容易加注润滑剂。缺点是高度尺寸较大,并随闸板开启的增大而增大。

闸阀主要由阀盖、阀杆、阀体、阀盘和方螺母组成。阀杆的下端有梯形螺纹,上端有锥形螺纹,中间有止动凸肩。

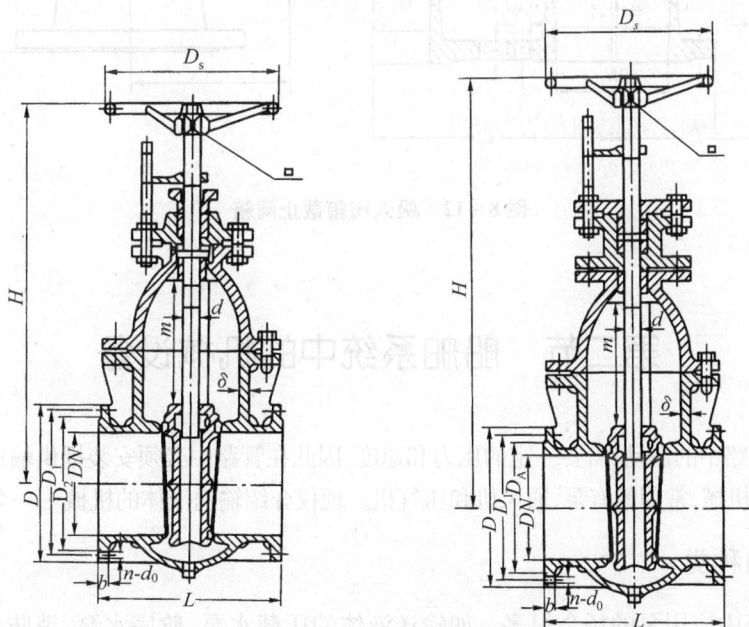

图 8 – 11　法兰铸钢闸阀

7. 阀箱

两个或两个以上的截止阀或截止止回阀铸成一个整体。阀箱分为三大类。

(1)吸入阀箱:吸入阀箱都是下部分开而上部连通的单排阀箱,通常由数个截止阀或数个截止止回阀组成,如图 8 – 12 所示。

(2)排出阀箱:排出阀箱都是上部分开而下部连通的单排阀箱。

(3)调驳阀箱:将吸入阀箱和排出阀箱结合成一起,就成为一种有公共吸入室和公共排出室的调驳阀箱。

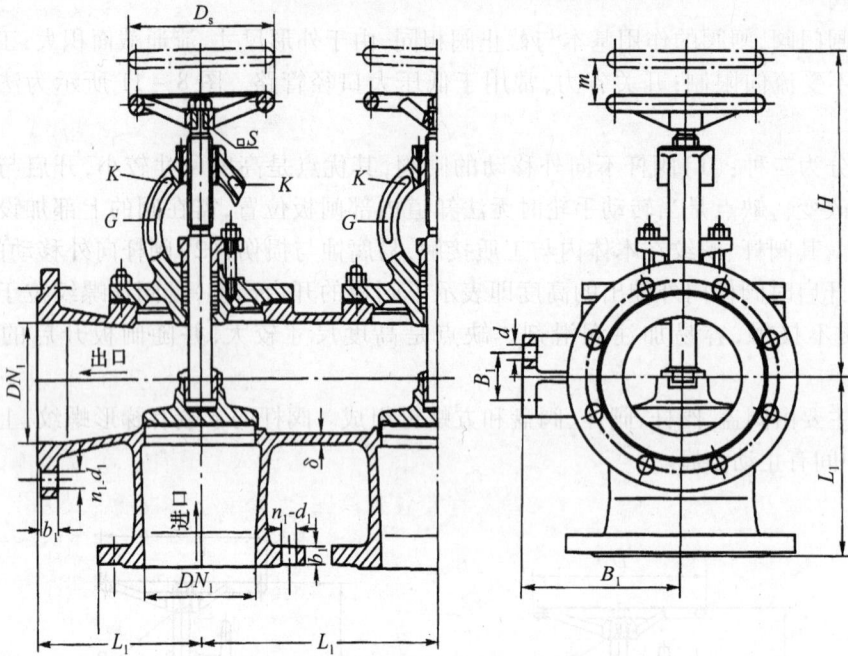

图 8 - 12　吸入阀箱截止阀箱

第二节　船舶系统中的机械设备

流体在管路中的流动,需要一定的压力和速度,因此在管路中必须安装提供输送流体所需的压力和速度的机械,常用的有泵、通风机和压气机。现仅介绍输送液体的机械——泵。

一、泵的种类

船舶系统中应用泵的场合很多。如输送液体的压载水泵、舱底水泵、消防水泵、日用水泵,输送其他液体的货油泵等。

船用泵按工作原理和运动原理大体分为两类:容积型泵和速度型泵;按动力来源分类,最常用的有蒸汽直接作用的泵和电动泵。现按工作原理分类介绍常见的船用泵。

1. 往复式泵

往复式泵是依靠活塞在泵缸中的往复运动,是泵缸内工作空间容积变化而产生吸排作用的。当活塞向一方运动时,活塞一面的水缸容积增大,形成低压,液体经吸入阀吸入;反之,当容积减小时,压力提高使吸入阀关闭而顶开排出阀,使液体排出,因此它属于容积型泵。

活塞在一个往返行程中只向外排一次,即泵只有一个工作空间,使吸入和排出过程交替进行的称为单作用泵,其排量是断续不均匀的。若泵缸有两个工作空间,每个空间都有自己的吸入阀和排出阀,这样活塞在一个往返行程中要向外排(吸)两次,就称为双作用泵,如图 8 - 13 所示。这种泵的排量要比相同尺度的单作用泵差不多大一倍,排量也较均匀。

往复式泵在启动后,能逐步把空气排走而在吸入管中造成低压,使液体自行吸入。这种工作特点称为容积式泵所特有的"干吸能力",这对于需要有良好的干吸性能的系统来说是很适合的。由于活塞运动是非匀速运动,因此往复泵的吸、排量不均匀。加之活塞受惯性力的影响,其工作速度不能太高。因此,使往复泵的排量受到了限制。往复泵一般质量和尺寸较大,造价较高,管理维护也较麻烦,它适用于干吸能力要求高,排量相对较小,而压头较高的场合。

2. 轴流式泵

它由可回转的叶轮和固定的壳体等组成。当叶轮转动时,能使流体沿轴线方向流动,并由于叶轮的转向改变,使流体改变方向,具有可逆性,图 8 - 14 所示的轴流泵紧凑,但是产生的压头较低。

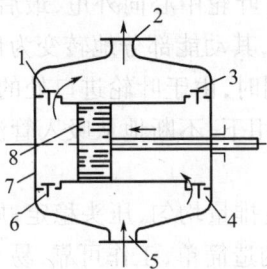

图 8 - 13 往复式双作用泵工作原理图

1,3—排出阀;2—排出管;4,6—吸入阀;
5—吸入管;7—泵缸;8—活塞

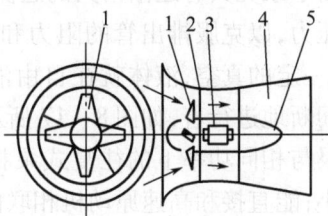

8 - 14 轴流式泵

1—泵轮;2—吸入口;3—电动机;
4—排出口;5—倒流罩

3. 回转泵

回转泵也是容积式泵,它是利用特殊形状的回转部件的转动,造成工作空间的容积变化,来实现其吸排工作的。如齿轮泵和螺杆泵,如图 8 - 15 和图 8 - 16 所示。

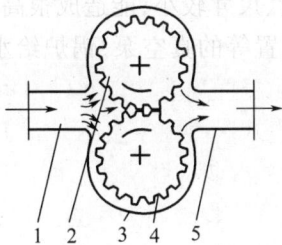

图 8 - 15 齿轮泵

1—吸入空间;2,4—齿轮;3—泵体;5—排出空间

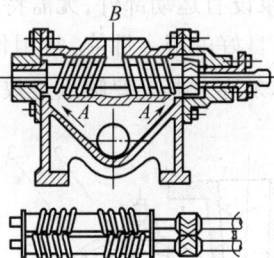

图 8 - 16 螺杆泵

齿轮泵的主要工作部件是一对互相啮合的齿轮,泵的吸排工作是由啮合着的齿轮分隔,而成为两个互相隔离的工作空间的。齿轮朝着被吸的液体回转,被吸的液体进入齿轮之间的间隙而被带到排出空间,当齿轮再相啮合时,由于泵体和齿顶之间,侧盖与齿轮端面之间的间隙都很小,所以油液只能经排出腔流出。

齿轮泵比往复泵排量均匀,转速高,不需要吸、排阀机构。但由于齿轮泵摩擦面较多,所以只适用于运送有润滑性的液体。

螺杆泵是利用螺杆的回转使螺旋槽容积产生变化而轴向吸排液体的。当主动螺杆被原动机带动而转动时,与之啮合的从动螺杆跟着一起转动。这样,在各个螺距之间就构成了一些互不相通的密封空间。如图8-15所示,若按箭头方向旋转时,由于每跟螺杆两端上的螺纹旋向不同,因此两端的液体就从吸入口A吸入,再从中部的排出口B排出。

螺旋泵结构简单、体积小、输液平稳、排量均匀、噪音小,可直接用高速原动机带动,转速高,吸入性能好、磨损较小,故广泛地应用于液压甲板机械的动力油泵,单螺杆泵也常用作舱底水泵或日用水泵。

4. 离心泵

离心泵主要工作部件也是叶轮和泵壳。叶伦有若干个弧形叶瓣和两侧圆盘构成,用键和螺母固定在泵轴上,有原动机带动旋转。当叶轮旋转时,预先充满在叶轮中的液体,就在叶瓣的推动下,随叶轮一起回转,并在离心力的作用下,自叶轮中心向外甩,最后进入排出管流出。由于泵壳具有逐渐增大的通流截面,液体流过时,其动能部分地转变为位能,形成所需要的压力,以克服排出管的阻力和出口处的压力。同时,由于叶轮进口处的液体不断流入,造成一定的真空,液体就在自由液面的大气压力作用下,不断地从吸入管流入,使吸排工作不间断地进行着,如图8-17所示。

离心泵与相同功率下的往复式泵相比具有下列优点:排量均匀、压头稳定;质量较轻、外形尺寸小;能直接和高速原动机相联而无需减速装置;构造简单,工作可靠,易于修理;可运送污秽液体。离心泵的主要缺点是吸入能力低,无干吸能力,因此适宜于布置在被抽液体的表面高度以下。如果装设在吸入面以上,则启动前需预先将液体灌入泵内,或者采用具有自吸装置的离心泵。离心泵是目前产量最大、应用最广的一种泵,在船上可作为循环水泵、饮用水泵、卫生泵、压载水泵、舱底水泵、消防泵和货油泵等。

5. 喷射泵

喷射泵的喷嘴深入混合室中,当工作的液体或气体高速通过喷嘴时,在喷嘴出口周围形成低压,将被输送的介质吸入,然后和工作介质一起排出,如图8-18所示。

喷射泵设有运动部件,无需特殊保养,启动迅速,质量、尺寸较小,能造成很高的吸入真空度,具有良好的吸入性能,常用作冷凝器和海水淡化装置等的真空泵、锅炉给水泵、扫舱泵、舱底水泵等。其主要缺点是效率低。

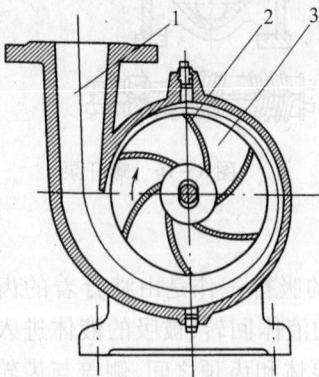

图8—17 离心泵
1—排出接管;2—叶瓣;3—叶轮

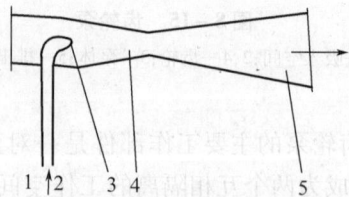

图8—18 喷射泵工作原理
1—吸入口流体进口;2—工作流体进口;
3—喷嘴;4—混合室;5—扩压管出口

复习思考题

1. 船舶系统根据功能不同可分为哪儿类，其分别有什么作用？

2. 管子有哪些类型，其使用范围分别是怎样的？

3. 管子选用有哪些原则？

4. 管路的连接有哪几种形式？

5. 管路上常用的阀件有哪些？

6. 泵的分类情况是怎样的？

7. 往复式泵的工作原理是怎样的？

8. 离心泵有哪些特点？

第九章 舱底水系统、压载系统及日用水系统

第一节 舱底水系统

船舶在运输过程中,由于种种原因,会形成舱底水。造成舱底水的原因有四个方面:

①机舱内冷却管系的海、淡水泄漏;燃、滑油管系的燃油、滑油的泄漏;蒸汽管路凝水泄漏以及一些机械设备排泄的水。

②由于船体不严密进入的海水和雨水、甲板冲洗水的漏入。

③军用船舶某些专业的降温及浸水后的积水。

④船体破损后大量的积水。

舱底水必须得到及时的排除,否则会使食物受潮变质,使船体结构锈蚀,甚至危及船舶的稳性以及航行安全,所以定期的排除舱底水非常重要。排除的方法是在各船舱设置集水井,使污水沟流至集水井内聚集,在集水井内装上吸水过滤器,并与吸水管路相通,当舱底水泵开动时,通过吸水管将舱底水抽出并排至船外。

舱底水系统不但起着排除日常舱底水的作用,当船体因海损进水时,还担负着紧急排出进水的任务。因此舱底水系统除包括:舱底泵、舱底水总管、支管、吸口滤器、分配阀箱、泥箱、污水分油器等设备外还应备有应急的排水接管,以便在机舱浸水的紧急情况下,应急排水支管由主循环水泵或海水冷却泵排水。

舱底水系统设置的时候有如下要求:

①应能保证船舶在正浮或向任何一舷倾斜不超过5°时,都能排干舱底内积水。

②舱底水管系不允许舷外海水或任何水舱中的水经过该管系进入舱内,即在舱底水管系中,水的流动是单方向的,即只出不进。所以管系中的分配阀箱、舱底水总管和直通舱底水泵支管上的阀门均应为截止止回阀,以防各舱底水互相沟通。

③舱底水泵、压载水泵、消防水泵等若相互接通时,管系的布置应保证各泵能同时工作而不相互妨碍。

④舱底水通常积在舱的底部,吸口位置很低,故舱底水泵应为自吸式泵。

对于游艇而言,还要特别考虑舱底水的除污要求。

一、舱底水管路

舱底水管都由镀锌钢管制成,尺寸由船舶主尺度和分舱尺寸决定。舱底水总管一般在机舱花铁板以下,通过截止 – 止回阀或阀箱与支管及泵相连。舱底水管的内径,各国规范都有规定,如长江水系钢船建造规范规定,舱底水管内径应不小于下列公式计算所得的值。

$$d_1 = 1.68 \sqrt{L(B+D)} + 25$$
$$d_2 = 2.15 \sqrt{l(B+D)} + 25$$

式中 d_1——舱底水管总管及直通舱底水泵的舱底水支管内径,mm;

   d_2——分舱舱底水支管内径,mm;

   B——船宽,m;

   D——型深,m;

   L——船厂,m;

   l——排水分舱长度,m。

在任何情况下,舱底水总管的内径不得小于舱底水支管的内径;舱底水支管的内径不得小于 38 mm。

舱底水管的铺设,应保证船舶在正浮或横斜 5 ℃以内时都能将污水排干。由于污水会自动向低处汇集,因此吸水口应布置在舱室的最低处。例如对一艘具有尾倾的船,吸水口应布置在船舱的后壁最低处;对于舭升高小于 5 ℃的舱室,一般在舱内两舷各设一个舱底水支管吸水口;当舭升高大于 5 ℃时,应在接近纵中剖面设置吸水口;机舱内的舱底吸入支管应尽可能地直通舱底水泵,以适应机炉舱积水较多,需要经常排出的特点,如图 9-1 所示。

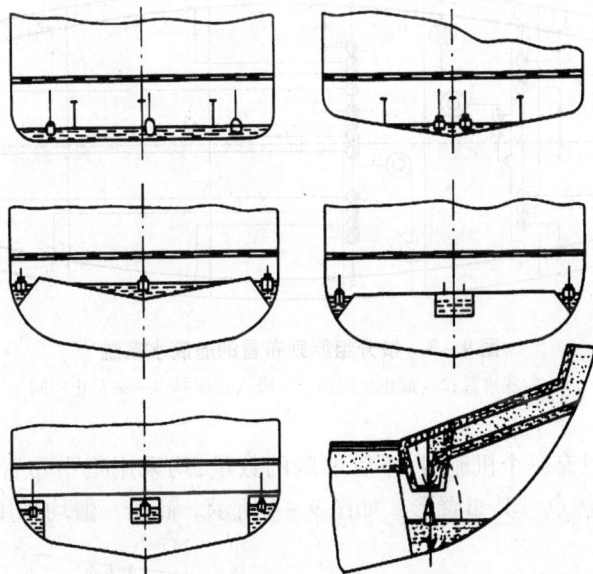

图 9-1 舱底水系统吸入口布置

舱底水系统管路布置方式有如下三种:

(1)支管式:对各需要排水的舱室,从每个吸口引出支管,通过截止止回阀或截止止回阀箱,经舱底水总管接到舱底泵。

(2)总管式:适用于设有管隧的大、中型船舶,即从各需要排水的舱室的吸口引出支管,通过截止止回阀接至管道中的总管,该总管能至机舱内的舱底水总管与舱底泵连接。

(3)混合式:介于上述两种方式之间。

二、舱底泵布置原则

(1)独立原则:各舱(主机舱、辅机舱、锅炉舱等)均设独立的舱底泵。其布置如图 9-2 所示。

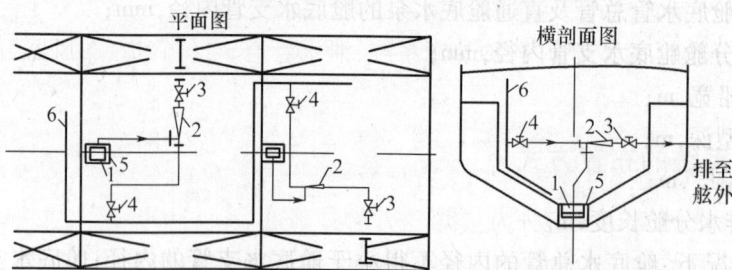

图9-2 按独立原则布置的舱底水系统

1—吸入过滤器;2—喷射器;3—截止止回阀;4—截止阀;5—集水井;6—喷射泵工作水管路

(2)分组原则:船舶艏艉部的各舱的舱底水系统管路分别都接至机舱内各自的吸入总管和舱底泵,其优缺点是操纵集中、方便,安全可靠,但管路较长。其布置情况如图9-3所示。

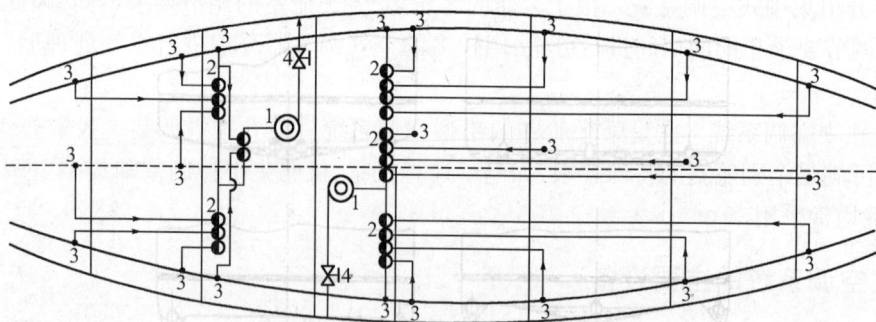

图9-3 按分组原则布置的舱底水系统

1—舱底水泵;2—截止止回阀;3—吸入过滤器;4—截至止回阀

(3)集中原则:只有一个机舱时,不管船舱的数量,均采用集中布置,它具有设备少,操纵方便,造价低廉的优点。其布置形式如图9-4所示。商船一般均采用这种布置。

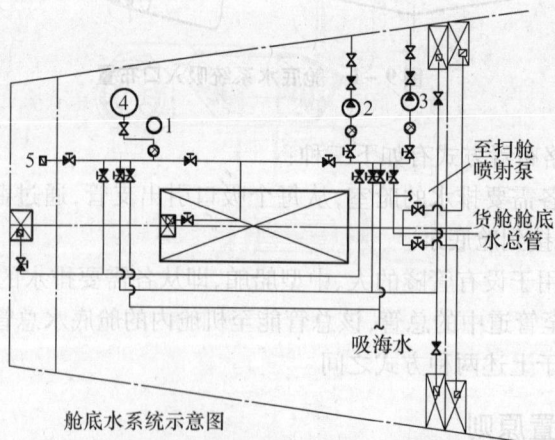

舱底水系统示意图

图9-4 按几种原则布置的舱底水系统

1—油渣泵;2—消防总泵;3—藏地总用泵;4—舱底水油水分离器;5—舱底水吸入口

三、舱底水过滤装置

为防止垃圾、污油等进入舱底水管路,在舱底水系统的不同位置需加设舱底水过滤装置。

1. 吸入过滤网

吸入过滤网是套置在各吸入口的网格箱状物。在镀锌的箱体上,钻有直径为 8~10 m 的小孔,滤孔的面积应不小于吸水管界面的三倍。过滤网上一般带有可以检查和清除用的盖子,以便随时检查堵塞情况,如图 9-5 所示。

2. 舱底水滤箱

为了过滤和沉淀舱底水中的泥沙和污物,在机、炉舱和轴隧的舱底水支管及总管等便于拆卸和清洗的位置上,设置舱底水滤箱——泥箱。

舱底水流经管路时,其中的污物、泥沙,经过滤沉淀于箱内,以免被吸进舱底泵。舱底水滤箱如图 9-6 所示。舱底水滤箱经常定期清洗,以免吸入不畅,妨碍排水。

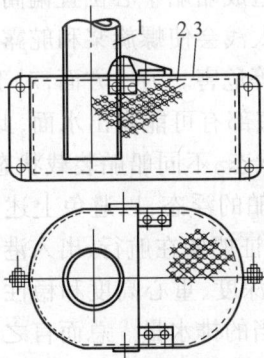

图 9-5 吸入过滤网

1—吸入管;2—吸入过滤网;3—箱盖

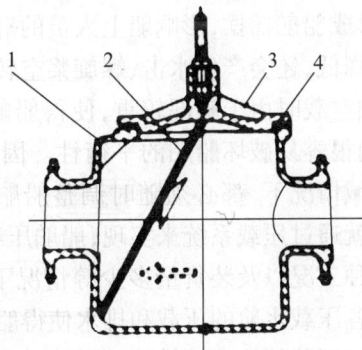

图 9-6 舱底水滤箱

1—主体;2—格栅;3—盖子;4—衬垫

3. 舱底水分油器

船舶在运行的日常操纵中,机舱中各类设备的启动工作,不可避免地会有大量的含油污水积聚舱底,另外油舱装载压载水,油舱柜泄漏或破损泄出油等现象均可能使得舱底水含油量超标,从而违反有关国际公约。国际防污染公约中规定了船舶的排水中的含油量不得超过 10 ppm,因此船舶设计必须设置污水分离等污水处理装置。

污水处理的方法有两种,第一种是利用油水的比重差,采用上浮分离法,第二种是利用污水分离器进行分离法。

分油器一般装于舱底泵出口管路中,以便污水在排出舷外之前,将舱底水中的油分离出来。分油器的种类较多,一般是利用油与水的密度不同来实现其分离的作用。图 9-7 为多层斜板加过滤式分油器。它由三部分组成,

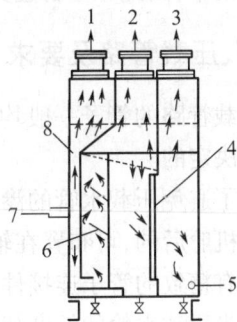

图 9-7 斜板加过滤式油水分离器

1、2、3—分离器排出口;4—过滤介质;
5—排水口;6—细分离室;
7—油污水进口;8—粗分离室

即粗分离室、细分离室和过滤装置。当水进入粗分离室时,大颗油污上浮,由一次分离油出口 1 排出,余下的油水从底部进入装有直板和斜板的细分离室 6,油滴经斜板的作用而聚合,然后上浮经排出口 2 排走,最后含少量剩油的污水,经过滤介质 4 的细小缝隙,一方面油滴受阻而分离,另一方面油滴又接触聚合而成为较大的油滴上浮(称之为粗粒化),由三次分离油滴排出口 3 排走。处理后的污水经下部的排水口 5 排出舷外。

过滤介质一般为沙、微孔型塑料、合成纤维、泡沫海绵和烧结状树脂等物。为了增加油水的分离作用,有时在分油器的上部装有加热器,使温度最高,以加大油水的密度差,减少油滴上浮的阻力。分油器的容量选择于视船舶种类而定。对于一般船舶,可采用小容量的;对油船需要采用大容量的分油器,以处理舱底污水、压载水和洗舱水的油污。

第二节　压载系统

船舶在航行时,如果空载,则船体上浮,吃水减少,从而造成船舶中心位置偏高,稳性变差,容易形成船舶摇摆,影响船上人员的舒适性。同时吃水太浅会使螺旋桨和舵露出水面,推进效率降低,还会产生水击、螺旋桨空转及船体严重振动等危害。另一方面,对于尾机型船舶,船舶空载时由于艉部较重,使得船舶发生纵倾,船首底部有可能露出水面,此时若遭遇浪击,则很容易破坏船舶的平衡性。因此在不同的航行状态,不同船舶装载状态及不同的航行海域情况下,都必须随时调整船舶吃水的深浅及船舶的浮态,以避免上述的危险。这个功能就通过压载系统来实现,船舶压载系统就是为了保证船舶在航行、出入港口、货物装卸等各种工况以及装货量多少等情况下都有一定的吃水深度、重心高度和稳性,即通过随时调整各压载水舱的压载和排水使得船舶达到平衡和恰当的排水量。总而言之,压载水系统就是对压载舱注入或排除压载水,以达到保持恰当的排水量、吃水深度和船体的纵横平衡;维持一定的稳性高度;减少船体过大的弯曲力矩和免受过大剪切力;减轻船体因压载不当引起的船体振动。

船体结构中有艏尖舱、艉尖舱、边舱、顶边舱及深舱等,它们都可作为压载水舱使用,有些又作为燃油储藏舱用,但必要时也可以注入压载水舱用。游艇因为其尺寸较小,舱室划分较为简单,因此小型游艇其压载系统简化,而大型游艇压载系统与其他船舶有些类似。

一、压载管路及要求

压载管路的管子一般均采用镀锌钢管。管径是以压载舱容积为依据,按规范规定,或由计算决定的。

为了避免压载水管的渗透或被货物压损,压载管路在机舱前的,均布置在双层底内;在机舱和机舱后的,可布置在轴隧内;当压载管系需经过油舱时,必须将管路敷设在水密的管隧内或有精致的管子连接件连接。同时压载水管系设计时还有一些要求:

①当压载水舱的长度超过 35 m 时,一般应在舱的前后端均设置吸口。

②压载水管不得通过饮水舱、锅炉水舱、滑油舱,其管系不得与机舱、干货舱等船舶中的舱底水管和油舱管子相接通。

③当油舱、水舱或干货舱兼作压载水舱时,则压载管系应设置盲板或隔离阀,并避免发生含油压载水排放,造成污染。

④压载水泵实行遥控时则应在操纵部位设置运转指示装置。

⑤通常压载水在管路内流动不是单向的,有注入和排出。因此系统内不得使用止回阀,一般多采用截止水箱。

⑥同舱底水一样,管系多布置管隧内,以防水管泄漏,使污水进入货舱。

⑦穿过防撞舱壁时,管路应在甲板以上设置能启闭的截止阀。

⑧压载水管系的布置,吸口的布置应满足正常运行条件下的正浮,倾斜位置能排出、注入压载水,各压载水舱能互相调驳。

二、全船压载水管布置方式

1.支管式

采用这种方式时,压载泵设在机舱内,集合管(总管)设于机舱前壁或后壁,集合管至压载泵用总管连接,至压载舱用支管连接。图9-8为支管式压载系统。

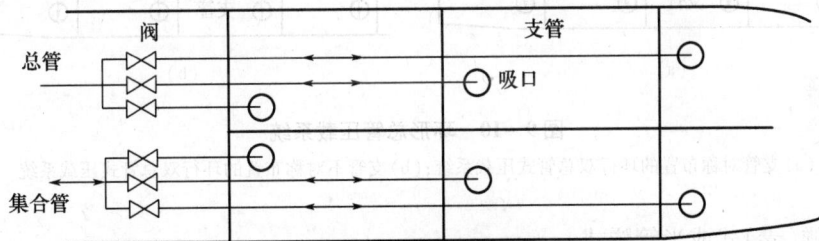

图9-8　支管式压载系统

2.总管式

采用这种方式时,沿船长方向敷设总管,由总管向各压载舱引出支管,在支管上安装阀及吸口,阀门采用遥控阀,可以液动、气动或小轴传动控制。图9-9为几种不同形式的总管式压载系统。总管式分为以下几种类型:

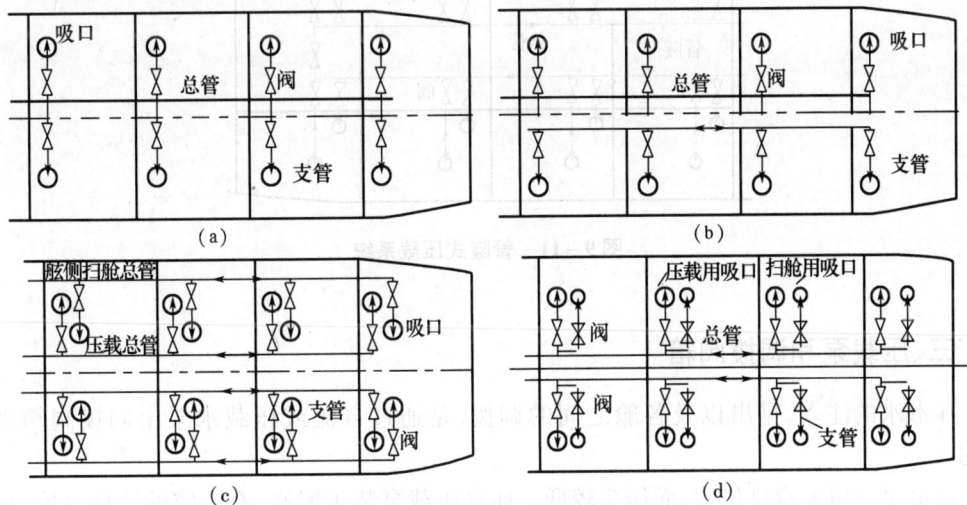

图9-9　总管式压载系统

(a)单总管式压载系统;(b)双总管式压载系统
(c)设扫舱总管的双总管式压载系统;(d)兼扫舱的双总管式压载系统

（1）单总管式:适用范围于≤1 000 t以下的小型船舶。

（2）双总管式:适用范围于≤5 000 t以下的小型船舶。

（3）设扫舱总管的双总管式:适用范围于>5 000 t以上的大、中型船舶。

（4）兼扫舱的双总管式:适用范围于>5 000 t以上的大、中型船舶。

3. 环形总管

这种方式在大、中型船舶上被广泛应用,其实质只是把双总管式的首部连接起来而已。可对称布置或不对称布置,设扫舱总管或兼扫舱总管布置如图9-10所示。

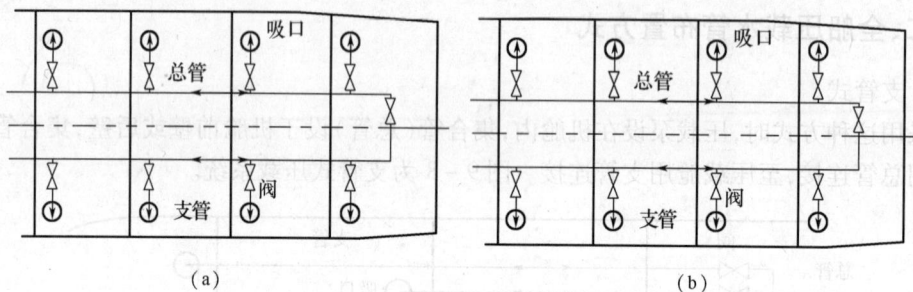

图9-10　环形总管压载系统

（a）支管对称布置的环行双总管式压载系统;（b）支管不对称布置的环行双总管式压载系统

4. 管隧(弄)式或半管隧式

为了维修方便,在船的双层底中部设一管隧,可以通至艏部防撞舱壁或船舶中部,压载总管及阀设在管隧内,称为管隧式或半管隧式,如图9-11所示。压载管布置一般采用环形总管式。

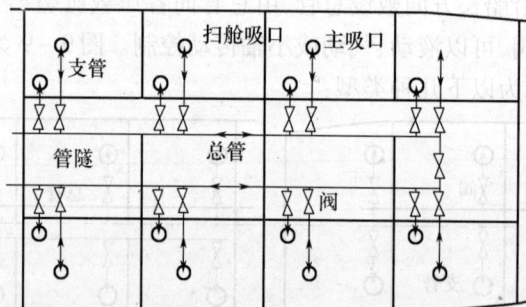

图9-11　管隧式压载系统

三、压载泵和调拨阀箱

压载水的注入、排出以及各舱之间的调拨,是通过自流或压载水泵由调拨阀箱来实现的。

压载泵一般要求排量大,而压头较低。通常压载泵装于船底,有一定的液柱高度,所以不要求有干吸能力,一般选用高比转数的离心泵或往复式水泵,其排量则根据各船压载水轴时间的限制而定。

四、测深管

为了检查舱内液体灌注和疏干情况以及舱底水的数量,在各压载舱、燃油舱、隔离空舱、清水舱和其他不易到达的分舱据装有测深管。测深管尽可能靠近抽吸口。对于饮水舱,有的船东出于卫生要求,可不设测深管,而配备测深装置。若是采用吹泡式测深装置,则使用压力转换器,不让压缩空气直接与饮水接触。如果饮水舱采用测深管测量,为了防止饮水舱柜被污染,测深管顶端至少应高出甲板 400 mm。

为了防止舷外水通过测深管进入舱柜,所有可能进水的测深管均应有永久附连的可靠关闭装置。

测深管一般为镀锌钢管,直径 30~50 mm、测深管必须直通舱柜的最低处,如果舱底是平的,则应在舱底两头设置。

除测深管外,测深管的上端一般应该延伸到甲板上随时可以接近的地点,以防某舱发生海损时,舷外水通过测深管蔓延到其他舱室。在上端管口设螺纹盖,为不妨碍行走,盖宜与甲板平齐。燃油舱柜的测深管口必须通至露天甲板上,以免油气弥漫于其他舱室,并保障安全防火。

测深管下端所对的船底板一般多焊上一块直径 150~200 mm、厚度 10~12 mm 的防击板,或将管低端封闭而在两侧割孔,以防测深时,测深钢尺碰坏船底板。防击板的中心线应大致与测深管中心线对准。测深管的底部如采用封闭的缝隙式时,封闭塞的结构应坚固,测深管底部距舱柜底部的距离为 30~50 mm。

在货船上,燃滑油舱柜或其他易燃液体舱柜,可采用在舱柜顶以下穿孔的测深管设施,也可使用平板玻璃液位计。但液位计和油舱柜之间的上下端连接处,应设有自闭阀,如果上端连接处高于舱柜的最高液面时,则上端自闭阀门可以免设。油舱柜不准使用玻璃液位计。在客船上,燃滑油或其他易燃液体舱柜,应采用不需要在舱柜顶以下穿孔的测深设施,而且该设施损坏后或舱柜注入过量时,不得有油类等易燃液体溢出。

为方便机炉舱和轴隧等处就地测深,常采用短型测深管,不必通至甲板上。但测深管上端需设置自动关闭阀,阀上端接一根杆子 1,杆端上嵌装一重块 2。测量时,将杆子提至水平阀口 4 正好与管口 3 同方向,可将测深钢尺放入管内测量。测量完毕,取出测深钢尺,只要将杆子放下,在重块作用下杆子自动回到原垂直方向,此时阀口旋转 90°,正好堵住测深管口,如图 9-12 所示。

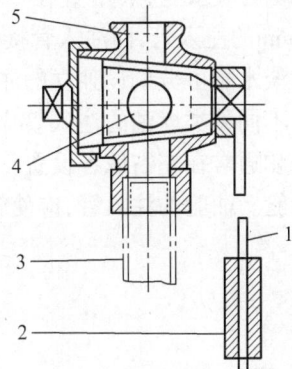

图 9-12　自动关闭测深管
1—杆子;2—重块;3—管口;
4—阀口;5—测深管

五、空气管

空气管的作用是:当灌注或疏干空舱的液体时,必须保证舱内空气的正常排出或进入以消除在空舱上部发生的"气垫"作用或真空现象。因此,任何储液舱的空气管,总的截面面积应不小于该舱柜注入管截面面积的 1.25 倍,深舱空气管的截面面积应不小于该舱柜注入管的 1.5 倍。空气管的内径应不小于 50 mm。冰区航行船舶的空气管以及穿过冷库的空气管(若不可避免时),其截面积应适当增大,超过常规设计值。

轴隧、管隧的空气管内径不应小于 75 mm,长度大于 10 m 的轴隧、管隧,建议前后都设置空气管。

空气管配置的数量和位置根据舱柜顶部的实际形状决定,一般情况,顶板长度等于或大于 7 m 的狭长舱柜,至少配置两根空气管。配置阴极保护的舱柜,前后均需设置空气管。所有双层底舱都应该设置空气管,延伸至两舷的每一个双层底分舱应自两舷引出空气管。空气管的布置应在任何一个舱柜破舱浸水后,不致使舷外水通过空气总管进入位于其他水密舱室内的舱柜。

空气管的上端一般要做成弯形,如图 9-13 所示,并伸长至甲板上或者机舱的最高处,以防污物或水进入。有的空气管弯头的顶端还装设盖子,必要时可兼作测深管。

燃油舱柜空气管的开口端不应位于因溢油或者油气而发生危险的处所,开口端应设有耐腐蚀和便于更换的金属丝防火网,该防火网的有效面积应不少于空气管的面积。

由于船舶正常营运时常处于艉倾状态,空船首吃水一般也比艉吃水小,所以空气管的下端管口应安装的压载舱前部角落的舱顶板上。上端一般固定在上甲板上或靠舷墙边固定,这样才能避免下端管口被舱内液体堵住而阻碍空气的排出。

六、注入管

船舶装载淡水、燃油、滑油等各种液体,是通过注入管向相应的舱内进行灌注的。

中小型船舶一般只设淡水舱,而大型船舶不仅有淡水舱而且还设置饮水舱。从安全卫生要求考虑,不论是淡水舱,还是饮水舱,它们的注入管接头应符合 GB5742—82,该接头也符合国际标准。如图 9-14 所示,淡水、饮水舱的注入接头一般分设在两舷。对于小于 100 m³ 的淡水舱,采用直径 65 mm 的注入管已足够。如果大于 100 m³,则可以采用直径 100 mm 的注入管,而注入管接头使用两只直径 65 mm 的 Y 形接头。出于卫生的要求,饮水舱与淡水舱可分别设独立的注入头。

不同种类燃油的注入管应独立,不能混淆,避免把不同的油类错误地灌注入舱。大中型船舶通常在左右舷各设置一个加油站,左右舷有横贯的连通管,连通管引至所需要灌注的油舱。油舱的注入管,应使管子沿舱壁尽可能通至舱底,使油顺壁而下。

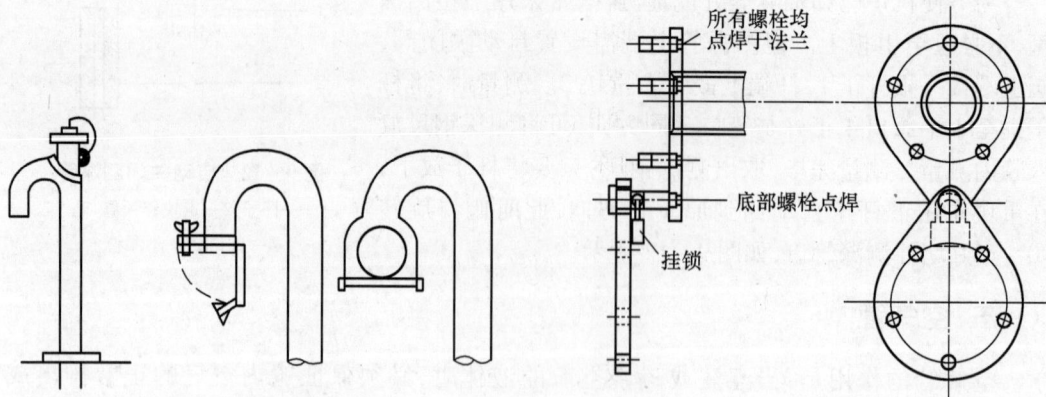

图 9-13 空气管示意图

图 9-14 船用饮水舱注入接头示意图

第三节　日常用水系统

日用水系统是保证船舶管理和船上人员生活所必须的上下水道系统。上水道系统是供水系统,其任务是供给船上饮用水、洗涤水、冲洗用的清水和舷外水。下水道系统是排水系统,其作用是将厕所的粪便水,浴室、洗脸间、厨房等污水,甲板的冲洗水、雨水经处理后等排泄至舷外。

日用水系统是由饮用水系统,洗涤水系统、舷外水系统以及盐水系统所组成。在一些沿海短途的船舶上,饮用水和洗涤用清水均采用船舶装入的自来水,这样饮水管与洗涤用清水管路合并作为生活淡水管路。如果船舶航程较长则往往将饮用水管单独分开。饮用水的储量是按照每人每天20 ~30 L计算的,其保存时间按照5 ~7天计算。

洗涤用水系统主要是将淡水送至洗澡间、浴缸、洗衣室、水斗及其他用水处。洗涤水应该透明、无恶味、无传染病菌,有时还应有适量的盐度以及硬度以便肥皂融化。洗涤水消耗量较大,每人每昼夜约80 L,存储量则按航行时间而定。

舷外水系统是利用舷外水来冲洗大便器、小便器,或进行甲板及舱室的清洗。

盐水系统是利用蒸汽或电将淡水在盐水柜内加盐,然后由盐水循环泵循环至各需要盐水的场所。

一、生活用水的供水系统

生活用水供水系统的特点是用水量不均匀,使用变化幅度较大,为此船舶必须根据本船的特点,选用不同的供水形式。目前,船上有重力式、循环水泵和压力式三种供水方法。

重力式供水是最简单的方式,类似于岸上的水塔供水。储水装置常称为重力水柜,一般设置于船舶中部的驾驶甲板或救生艇甲板上。其工作原理是依靠泵将水打入重力水柜,然后按自流方式通过供水管路送到各个用水处所。重力水柜的大小视需要而定,一般在1 ~3 t。

重力式供水的优点是用水处的压力变化不大,另外当日用淡水泵发生故障时,可以短时提供一定数量的水。重力式供水的主要缺点:重力水柜要占据较大的地方;设备的质量大、地位高,使船的重心提高,对稳性不利;管径较粗,且因管路常布置在舱外,在寒冷航区,必须加强防冻措施等。但由于其装置简单,造价低廉,因此用在内河小船上,驳船或在停泊作业时要求尽量减少振动及噪声的科学调查船上,如图9 – 15所示。

采用循环水泵供水,要求泵不停地工作。在图9 – 15中,若不设重力水柜,可通过离心泵,由备用水柜直接将水打入干管。为防止管内压力超过允许值,在排出管路上装设保险水阀通至进水管路,参加再循环。

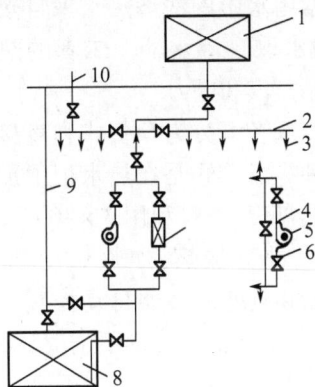

图9 – 15　日用水供水系统

1—重力水柜;2—干管;3—分支管4—保险阀;
5—离心式泵;6—截止阀;7—手动泵;8—备用水柜;
9—灌水管;10—从岸上或供水船供水的管路

循环水泵供水,泵要不停地工作,当耗水量减少时,水将不断地参加再循环,所以浪费船舶用电,对小船来说不经济。其优点是设备简单,质量轻,对船舶重心没有影响,因为用水量大,用于采用重力水柜送水供不应求的大型船舶。

压力式供水是最常见的供水系统,它是由压力水柜内保持一定水压向各用水处供水。该系统主要装置是一个压力水柜,如图9-16所示。它是一个封闭的容器,柜内并无任何装备,当水泵1供应的水量大于用水量时,多余的水即储存在压力水柜2中。其作用的实质在于:当水柜中水量增加、水位上升时,就压缩了上部空间的空气,同时使整个供水管路的压力也逐渐增高。当压力达到某一限度时,一般是35~40 Pa,通过传压管5作用于压力继电器7,是驱动水泵的电动机断电,于是水泵停止供水;随着水的消耗,压力水柜中的水位下降。当下将到某一限度时,一般是15~20 Pa,压力继电器将电路接通,水泵立即启动,再进行供水。这样就解决了用水需要与水泵连续均应供水的矛盾,从而可以自动地启动以及停止日用淡水泵。

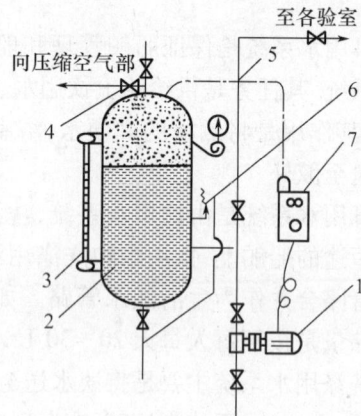

图9-16 压力水柜工作示意图
1—水泵;2—压力水柜;3—水位计;4—空气阀;
5—传压管;6—保险阀;7—压力继电器

压力水柜之所以能起水舱与供水点之间缓冲器和控制水泵的作用,原因在于压力水柜上部空间空气的压缩和膨胀。因此压力水柜使用一段时间后,就需要由压缩空气管路通过空气阀4向柜内充气,以补充由于空气漏泄或被水吸收的损耗。为了观察水位,压力柜外设有水位计3。为了在压力继电器失灵时,保障压力水柜的压力不超过极限,在供水管路上加设保险阀6。当柜中的压力升高到1.2倍工作压力时,压力水即顶开保险阀自动放水减压。

采用压力水柜供水比重力式供水占地小、质量轻,能自动控制,并可减少轮机人员的劳动强度;压力水柜可以设置在任何处所,故可避免重心太高、需防寒等缺点。与循环水泵相比,消耗的功率减少。因此在货船、中、小型客船经常采用。

日常用水中的洗涤热水来自热水柜;饮用水取自沸水器。二者的热源常用的是蒸汽和电力。

用蒸汽者可分为盘管式和直接混合式两种。盘管式是在热水柜中加装蒸汽加热盘管,一般利用$3×10^5$ Pa的低压蒸汽进行加热,加热温度70~80℃,可由温度调节器自动控制。直接混合式由于蒸汽质量不洁时,会影响供水清洁,一般仅在要求不高的小船上使用。

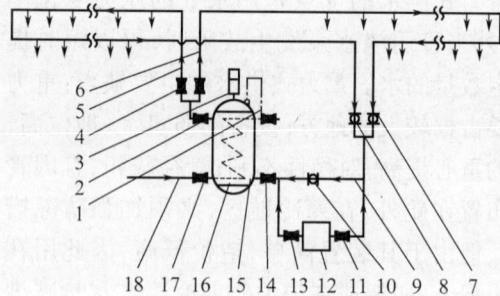

图9-17 热水循环装置
1—温度调节器;2,4,7,8,11,14—截止阀;3—温度计;
5—首部热水输送管兼循环管;6—尾部热水输送管兼循环管;
9—自然循环管 10—止回阀;12—热水循环泵;13,17—截止—止回阀 15—热水柜;16—蒸汽加热盘管;18—热水柜进水管

热水管路虽都包有绝热材料,但如果较长时间停用,管内热水仍会逐渐冷却。为了保证供水点随时放出的都是热水,热水系统一般都设计成为封闭的循环式管

路,在自然循环不足以获得上述要求时,利用热水循环泵进行强制循环,如图9-17所示。图中箭头分别指明了热水泵强制循环以及自然循环的流向。使用热水泵将热水管路中的水抽回至热水柜,使管路中能经常保证热水供应。

二、日常用海淡水系统

日常用水中的饮水应该是无臭无味、透明清洁的,多为岸上自来水,由岸上供应,储存于饮水柜中。

饮水柜或饮水舱至少应有两个,如果只有一个,也应分割为二,以便轮换清洗。舱内应敷有水泥或利用特涂进行处理,上方有空气管,舱柜的位置不能与热源和油舱相接触。饮用水的储存时间通常以5~7昼夜为限,因此对远洋船来说,除了舱柜的储存水外,还要采用制淡装置——利用海水或质量不纯的淡水,制造出符合需要的淡水。

制淡装置是根据水的蒸发与冷凝的原理制造淡水的。为了节约能源,一般多利用船上柴油机冷却水的"废热"进行造水。图9-18为真空蒸发式造水装置,其原理是:将一封闭容器里水面上的空气抽除,使水面上的气压下降,形成一定的真空度,这样就可以使水在较低温度下开始沸腾和蒸发,然后把蒸汽引入冷凝器中,使其冷却凝结成水。一般柴油机冷却水的出口温度在70 ℃以下,而真空泵可建立大约93%的真空度,这样就可在40 ℃左右温度下使水沸腾,产生大量的蒸汽而制造淡水。

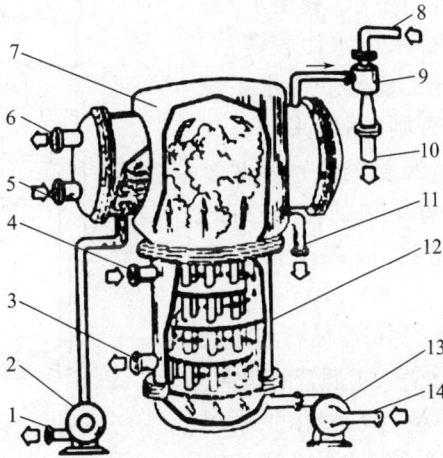

图9-18 真空制淡装置

1—淡水出口;2—凝水泵;3—废热水出口;4—废热水进口;5—冷却水进口;6—冷却水出口;
7—冷凝器;8—高压水流进口;9—真空泵;10—抽出空气口;11—排污泵出口;
12—海水蒸发器 13—海水泵;14—海水注入口

饮水系统应为独立的系统,货船上可按集中式进行管系布置,而在船员和旅客多的客船上,采用分组原则布置。饮水管路一般用镀锌钢管,管径约13~38 mm,主管直径多不超过50 mm。洗涤水系统也为独立系统。其用水质量较低,内河船可将舷外水经快速沉淀过滤后使用。其供应量按规定以每人每昼夜用水公升计,将水储存于双层底或专用水柜;洗涤水管路主管直径为50~80 mm,支管约为10~20 mm,莲蓬头管径约10~13 mm,多用镀锌钢管。

舷外水系统主要使用舷外水冲洗厕所,或作甲板的洗涤、清洁用。为了减轻设备质量,舷外水干管也可由水灭火系统供水。

二、排水系统图

船上供水经过使用后,必须及时有效地排除。排水的基本方式有两种,对位置高者,多通过自流方式将污水排出舷外。排水系统除了排除洗涤后的污水、粪便水外,还需排除甲板落水。因此船上应设置卫生水系统、污水系统和甲板落水系统。

卫生水系统是独立系统,一般不与其他管系相接。该系统的布置方式视舱室的分布及卫生场所的数目而定。其管路不宜通过餐厅、厨房、粮库及卧室的某些处所(如写字台、床铺的上方),也不宜通过温度很高或很低处,如锅炉舱、冷藏室,否则需要绝热保护。由于卫生水管路较粗,应尽可能地不经过水密舱室,如不可避免时,要求其穿过处离舷边应不少于船宽的1/5。为了保证秽物的畅通排泄,管路布置应具有2%~5%的斜度,路线尽可能要短,且在转弯处的曲率半径均应不少于500 mm。管路的舷外出口应位于载重水线以上300 mm。若载重水线附近区域的外板加厚,则出口应设在该加厚列板的下部边缘,以免减弱该列板以防万一海损或横倾时,舷外水从出口灌入舱内,必要时可先将截止阀关闭。

所有卫生水出口,必须远离各舷外水入口以及放艇、舷梯等工作点。为此在总布置时,必须全盘考虑,安排好厕所的位置,一般都将其同列在船长长度的一定区域内。

污水系统的结构与上述卫生水(粪便水)系统相似。唯一的区别就是排水泄水比较清洁,无杂物,故可选用较小直径的管路。污水系统不得与粪便水系统连接。否则,厕所来的臭气舷边时,会侵入污水系统所照管的舱室。两个系统的排出孔在航侧都应有单独的孔眼,有时在靠近可利用一根短管连接,以减少排水孔数目。

卫生管系统与污水管系统中,需加有虹吸管式的水封装置,以防管内气体溢入被照管的舱室。

甲板落水系统是排出甲板上积水用的,常单独存在,而不与其他系统连接,如图9-19所示。

所有露天甲板,包括遮阳甲板的通道,都应

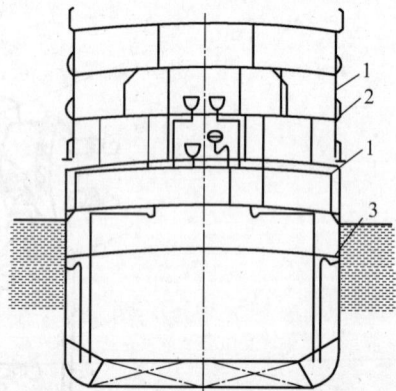

图9-19 甲板落水系统
1—放泄水管;2—落水漏斗;3—虹吸管式水封

在两舷设有落水管。为不使落水沿船纵向流开,落水管应布置在同一垂线上。落水管尽量为直管,管端甲板处设置隔栅。各管路应避开工作地点,避开舷梯、舷窗及救生艇收放以及吃水标尺等范围。船体结构或舾装设备,使排水水流阻断处,应加设合适的落水口或在肘板、基座底部适当开小的流水孔。对于狭长或局部低凹区域可以涂敷水泥以利排水。落水口不易设置在人员走动多的地方。对于可能有油类或有害液体滴漏至甲板,落水口应配有罩盖或堵塞,必要时可关闭落水口。甲板落水管一般采用镀锌钢管,其直径按照其负责的甲板面积和上下层位置来确定。最上层甲板的落水管直径应不少于40 mm;下面各层落水管的管径则逐层增加,最大可达100 mm。如按照管甲板面积,管径500 mm者,其照管的甲板面积不多于50 m^2;管径60 mm者,照管面积不多于75 mm^2;管径100 mm者,其照管不多于200 mm^2。甲板落水管有时也应配置虹吸管式水封。落水漏斗需加格栅和保护网,如图9-20

所示。其中图9-20(b)带有沉渣杯,可设置与通向污水柜的落水管上。

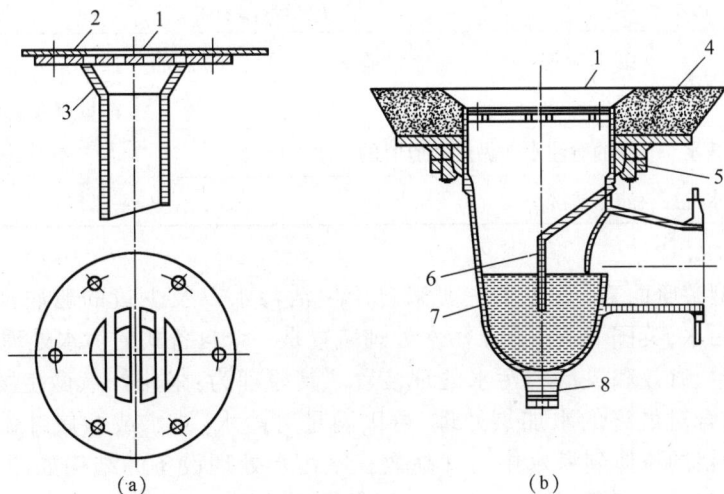

图9-20　落水斗

(a)简单落水斗;(b)具有积水装置的落水斗

1—格栅;2—甲板;3—管子;4—主体;5—与甲板固接的凸缘;6—挡板;7—沉渣环;8—放水塞

第四节　游艇污水处理系统

随着人们环保意识的提高,国际以及国内颁布各种法规以限制船舶向水域排放污水。目前国际上对海运防污最有影响的是 MARPOL73/78 公约,全称《1973 年防止船舶造成污染国际公约及其 1978 年协议书》。该公约附有五个技术附则,分别为:①防止油污规则;②防止散装有毒液体物质污染规则;③防止海运包装,集装箱,可移动罐柜或公路及铁路罐车装运有害物质造成污染规则;④防止船舶生活污水造成污染规则;⑤防止船舶垃圾造成污染规则。船舶污水分为生活污水和含油污水两大类。其中生活污水也包括黑水和灰水。船舶污水种类、来源及危害见表9-1所示。

表9-1　船舶污水种类、来源及危害

污水种类			污水来源	危害
生活污水	黑水		(1)厕所排出的粪便污水; (2)医务室、病房排出的废水	消耗水中溶解的氧气,产生赤潮,危及鱼类和大多数水生物的生存,产生难闻的气味
	灰水	厨房灰水	厨房、餐厅、洗碗间排出的污水洗涤灰水	
		洗涤灰水	厕所沐浴室、洗衣间排出的污水	产生赤潮,难闻气味,造成环境不美观的景象,影响低栖生物

表 9 –1（续）

污水种类		污水来源	危害
含油污水	舱底油污水	由于泄漏、泄放、主辅机舱等舱底积存的含油污水	使水生生物抵抗力下降，产量降低，水体食物链和人类水生食物中混入致癌物
	油舱压载水	用油舱注水兼做压载舱时的油水混合物	
	洗舱水	油舱清洗	

对于中小型游艇而言，其污水主要来自于生活污水以及少量的舱底油污水两个方面。对于生活污水，英国 Hamworthy 污水处理装置是一个自备式的污水处理装置，被认为是游艇上最简单、有效和灵活的污水处理装置。其原理为：采用好氧微生物处理有机废物的原理，并结合对最终的水加氧处理，可以满足对盐水、淡水或微咸冲洗水的处理需要，最终排放合格的流体到海水中。其高效三室污水处理设备的结构如图 9 – 21 所示。其工作原理如图9 –22所示，其基本上是由一个箱体结构组成，内部分为三个不透水的密闭空间，即一个曝气室、一个沉淀室和一个加氯室。黑水进入曝气室后，在那里通过加入氧气和生命力活跃的好氧菌和微生物降解。好氧细菌，也就是那些依赖溶解氧生存的生物体，分解、消化污水中的废弃物质。这种物质主要由碳、氧、氢、氮和硫构成，被转化为二氧化碳、水和新的细菌细胞。二氧化碳通过系统中的排气孔排放出去，而水和细菌细胞被送入沉淀室。

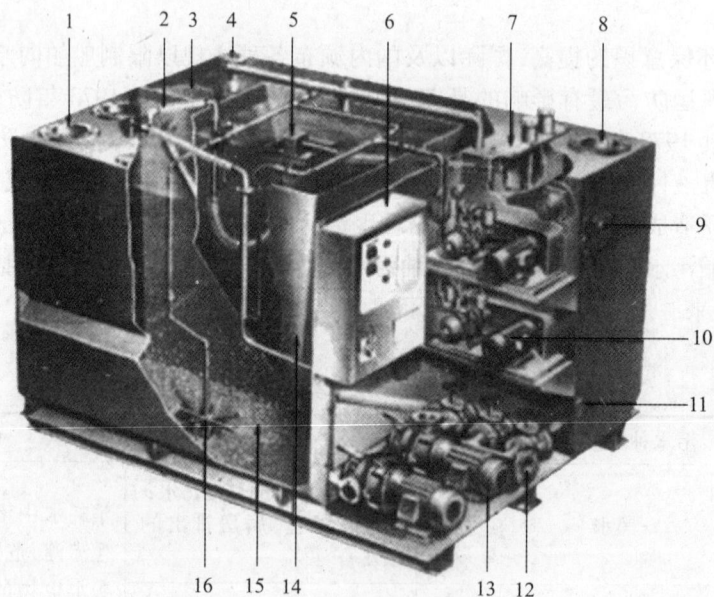

图 9 – 21　污水处理装置结构图

1—黑水进口；2—淤泥回流目测管；3—观测镜；4—排气孔；5—撇污器；6—控制面板；7—氯化器；
8—灰水进口；9—紧急溢流管；10—空气压缩机；11—浮子开关；12—排水口；13—排水泵；
14—沉淀室；15—曝气室；16—空气扩散组件

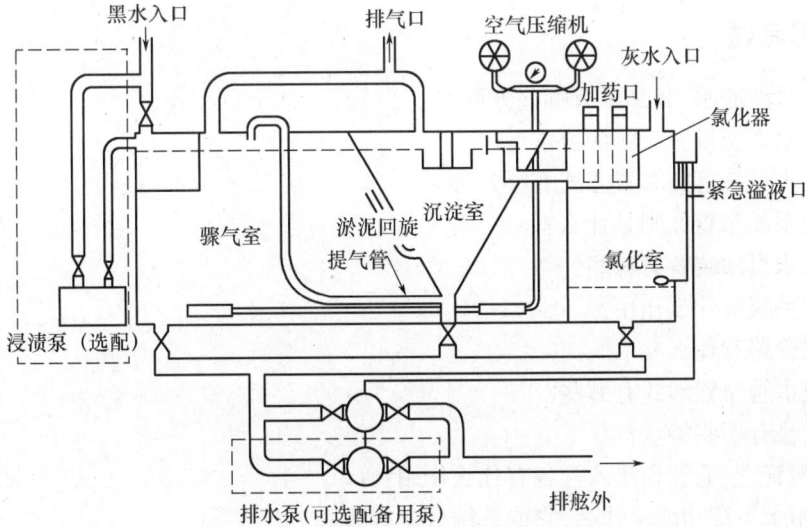

图 9 – 22　污水处理装置工作原理图

　　通过曝气室后,污水流入沉淀室,在那里好氧细菌絮凝物,也就是活性淤泥进行沉淀,并通过提气管回到曝气室。通过箱体上的透明塑料管可以检查淤泥的回流情况。沉淀室呈漏斗状。它的斜面可以防止淤泥沉积,并把淤泥引入提气管吸入口。污水通过一个小涡管进入该室,然后经过沉淀室上行,在经沉淀室顶部的溢水口流经氯化器进入加氯室。有一个表面撇污器将表面的残渣过滤。

　　氯化处理后的污水将在加氯室内暂时存放,这样可以使氯气有足够的时间杀死任何有害的细菌。在装有排水泵的部件上有两个液位调节器可以控制排放泵的运行。当液面超过正常"高度"位置时会启动警报,装有应急溢出管道,流出的都是经过处理后的可以排放。这套系统通过了 IMO 的认证,因此它排放的流质完全符合大多数公海排放的质量要求。

　　不配置污水处理设备的游艇,可以通过泵将游艇上的污水分别收集储存在废水箱内,返回港口、码头后通过国际通岸接头排放至码头接收设施,或在港口外排至接收船。图 9 – 23 为带泵的废水箱,适用于黑水和灰水,另外还有不带泵的普通废水箱可供选择如图 9 – 24 所示。

图 9 – 23　带污水泵的废水箱

图 9 – 24　普通废水箱

复习思考题

1. 什么是舱底水,其来源有哪些方面?
2. 舱底水系统设置有哪些要求?
3. 舱底水系统管路布置方式有哪几种?
4. 舱底泵的布置原则是什么?
5. 舱底水过滤装置有哪些?
6. 压载系统有什么作用?
7. 压载管路有什么要求?
8. 压载水管布置形式有哪些?
9. 压载泵有哪些特点?
10. 测深管、空毛管和注入管各有什么作用?
11. 日用水系统功能是什么,它的系统分支有哪些?
12. 生活用水供水系统有什么特点?
13. 重力供水和循环供水各有什么特点?
14. 制淡装置的工作原理是怎样的?
15. 卫生水系统的设置有哪些要求?
16. 游艇污水处理装置的工作原理是什么?

第十章　通风、供暖、空调与制冷系统

第一节　通风系统

通风系统的作用是利用自然或机械的通风方式,将舱外的新鲜空气输送到舱内工作场所、居住舱室或货舱内,使其中的空气保持一定的纯度、温度、湿度和速度,从而改善船员和乘客的生活和工作条件,保障各种机械、器材、仪表的正常工作以及货运质量。

通风的方式按动力来源分为自然通风、机械通风;按空气流向分为送气通风、抽气通风和送、抽综合通风;按通风的范围分为全面和局部通风;按系统的布置情况可分为独立的、分组和集中的三种。

自然通风是依靠自然界风速以及由于舱室内外温差而引起的空气密度差,促使舱内空气获得更换。机械通风则是利用通风机械,将舱外新鲜空气送入舱内,或将舱内的污浊空气排出舱外而获得新鲜空气。自然通风和机械通风都有送气和抽气之分。送气通风是在舱室内部建立一个高压区,使得污浊空气经气孔门、窗等一切孔隙排出,适用与起居、工作等舱室。抽气通风则需要在舱室内建立一个低压区,使得空气自门、窗等一切孔隙吸入,适用于厨房、厕所、浴室等处。对于要求换气率较高的机舱、炉舱餐厅等处,可两者结合布置。全面通风是指舱室内全面的进行空气交换,使舱室内各处的空气温度、纯度和湿度都能比较一致。局部通风则是有害空气形成的地区,直接将其排除,或将良好空气送入舱内某处。例如在厨房的炉灶上使用集风罩,装在机炉舱局部的通风管出口的送风头及布风器等都可形成局部通风。

我们可以根据舱室通风的要求以及水密、防火等具体情况,选择合适的通风方式,采用各种布置形式。不论采用哪种方式和布置形式,通风系统均需要满足下列要求:

(1)它所通过的路径不应占去舱室很多地位,如遇火警不至于因其存在而使火焰蔓延至全船,在舱内也不应形成对人有害的噪音。

(2)在它所照管的舱室内,不应使某些人感到过分地受热或受凉,应使整个舱室均匀通风。

(3)它的装置不应破坏甲板和隔舱壁的水密,并防止水经过通风管进入舱室。

一、自然通风系统

自然通风是依靠自然界风速以及因舱室内外温差而引起的空气密度差,促使舱内空气获得更换的一种通风方式。它主要是依靠开孔(门、窗、舱口)和通风筒来完成。

通风筒是安装在露天甲板上下的一段直管风道。配置在通风上部围板上的罩状物称为通风帽。二者组成了船用排气或吸气的专门通风装置,有时称为通风筒。为了提高自然通风的效率,利用通风帽口对风的一面增大压力以及通风筒外气体流速比通风筒内气体流速大,则筒外压强比筒内压强低的道理,将通风帽制成送风或吸风的形式;或利用转动风帽,改变其相对位置的办法,达到排风或送风的目的。图 10 – 1 为利用货舱利用通风筒或自然通风的情况。

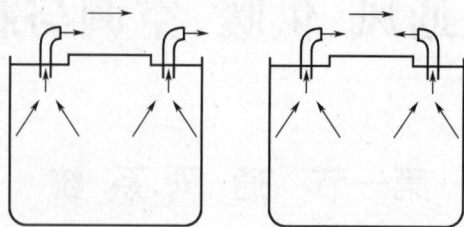

图 10 – 1   自然通风

常见通风筒有烟斗式、流吸式、扇形和菌形等,通常布置在露天甲板上,如图 10 – 2 所示。烟斗式通风筒,通风帽套在通风筒上端,可借人力转动以适应风向。这种通风筒主要用来向舱内送进新鲜空气,若作为排出废气时,其效果不如排风筒。流吸式排风筒,具有收缩段,风从小口吹进,使气流在座管上方气流的压强降低,将舱内污浊空气抽出。扇形通风筒具有活动的扇形片,使扇片截面转对风向的位置而进气或排气。菌形通风筒是在座管上设形如菌状的帽盖,可借室内的旋转螺杆,调整开口的大小。菌形通风筒多用于上层甲板的居住舱室。

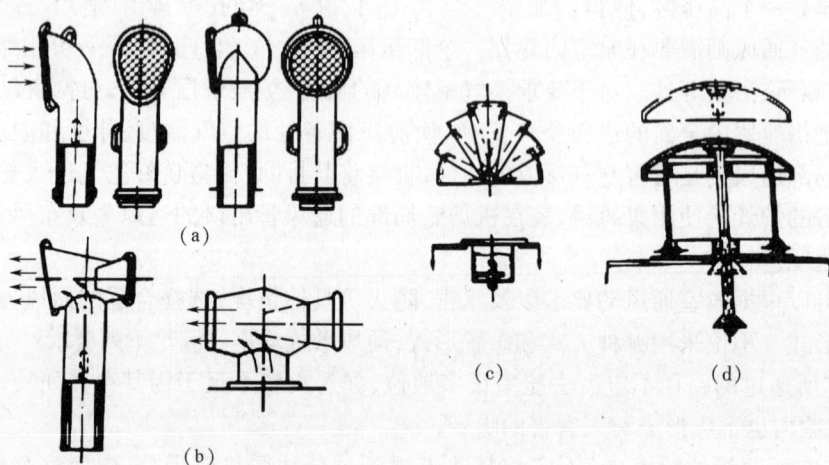

(a)

(c)   (d)

(b)

图 10 – 2   通风筒类型

对于游艇而言,自然通风的舱室应装设一个来自大气的进气孔或管道和一个通向大气的排气孔或管道。每一排气孔或管道开口均应从低于舱室高度的1/3 处引出。每一进气孔或管道开口和每一排气孔或管道开口应在正常舱底水积聚面之上。只要舱室尺寸的允许,该舱室进气与排气管道开孔之间应至少隔开 600 mm。

各进气孔或管道的合计面积以及各排气孔或管道的合计面积应不小于按下式计算值,且不小于 3 000 mm²:

$$A = 3\,300 l_n (V/0.14)$$

式中　A——各开孔或管道的最小合计内横截面积，mm^2。

　　　V——舱室净容积等于舱室总容积减去舱内固定安装部件的体积，m^3。

　　　l_n——自然对数。

自然通风的主要缺点是风量受到风向、相对速度和室内外温差等自然条件的影响，工作不够稳定，且不便调节，更不易集中控制。但由于其设备简单、造价低廉、维护费用少，因此在船上，特别是换气率要求不高的舱室，仍广泛采用。

二、机械通风系统

机械通风系统则是利用通风机、通风管道将舱外新鲜空气送入舱内，或将舱内的污浊空气排出舱外而获得新鲜空气的人工通风方式，因此他能保证舱室内所需要的换气量，而不受自然条件的影响。机械通风按照其工作方式的不同，可分为吸入式，排出式、混合式。

1. 吸入式

利用通风机械将新鲜空气吸入，而污浊空气由开口处自然排出。这种通风方式一般用在餐厅、船员舱室等。它可以避免污浊空气侵入舱室，为船员和旅客创造舒适的生活条件。

2. 排出式

将污浊空气由通风机抽出，新鲜空气由开孔进入，即机械排风，自然进风。这种形式一般适用于舱室内有污浊空气来源的处所，如厕所、浴室、厨房、蓄电池间等处。

3. 混合式

吸风和排风均靠机械进行。这种方式一般只用于要求通风率很高的舱室。舱室内若有污浊空气来源的，宜采用排气量比吸气量占优势的混合通风。反之，若舱内空气虽然较清洁，但要求换气强度大，则应采用吸气比排气占优势的混合通风。

通风管道的布置应尽量直畅，避免急弯。一般机械进风总管多沿舱室的天花板布置，而机械抽风总管则安装在舱室的下部。不管是哪种管道，都应尽量使其尺寸减少，且不应通过主要的横舱壁，为此在通风要求基本一致，且较集中的客舱，可按集中原则布置外，船员室以及公共场所、驾驶室、储藏室等多采用分组原则布置。10-3为机械通风示意图。

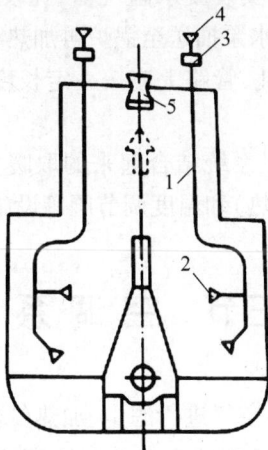

图 10-3　机械通风示意图

1—通风管；2—出风头；3—通风机；4—通风筒；5—抽风机

每一动力通风舱室的抽风机或抽风机组的总排量 Q 应不小于表 10 – 1 中所列的值。

表 10 – 1 总排风量 Q

净舱容 V/m^3	总排风量 $Q/(m^3/min)$
<1	1.5
$1 \leqslant V \leqslant 3$	$1.5 \times V$
>3	$1.5 \times V + 3$

抽风机应是不会产生火花的结构形式。抽风机的每根进气管开口的位置应低于舱室高度的 1/3 处,且应在正常舱底水积聚面之上。抽风机的排风口应尽量远离发动机排气管出口。同时装有抽风机的汽油机舱室应在启动汽油发动机前 4 min 开起抽风机。在游艇营运期间(包括上、下客或临时停航),汽油机舱室应持续动力通风,不应关停抽风机。当抽风机因故关停时,应在机器处所和驾驶室发出声光报警信号。

第二节 供暖系统

为了保证冬季航行舱室的温暖舒适,需设置供暖系统。船上的供暖系统,按工作介质的不同,可分为热水供暖系统、蒸汽供暖系统以及电热和热风的供暖系统。

热水供暖系统由于管路笨重,热水温度低且不适用于简短供应场所,因此极少采用。

电热取暖耗电大,费用高,多作为辅助取暖用具。

蒸汽供暖系统分单管式(蒸汽供给和冷凝水排出在一根管上)和双管式(蒸汽和冷凝水管路)。双管式蒸汽供暖系统,由主锅炉或辅助锅炉供应的蒸汽进入减压阀后,通过安全阀,进入除水器,使进来的蒸汽运动方向急剧改变,将蒸汽中的水与水蒸气分离,使蒸汽变得更加干燥,然后通过蒸汽分配阀箱,将蒸汽输送到各舱室的暖气片中供舱室取暖。为了充分利用蒸汽,在暖气片的出口处安装凝水阻气器,让没有消耗的蒸汽滞留在暖气片中。同时将冷凝水放出至温水箱,再由水泵抽送至锅炉再加热称为蒸汽。

蒸汽管路需要用绝热材料包扎,管路上应按一定长度加设弯管式膨胀弯头,以免管路接头处损坏渗漏。

热风供暖系统是将暖气和通风系统结合起来的取暖方法。除了原有的通风系统外还需加设空气加热站(多采用蒸汽加热)和温度调节阀等设施。

第三节 空调系统

空调系统的主要作用是将外界空气进行滤尘、加热(冷却)、加湿(干燥)后,再把经过加工处理后的空气送至各舱室,使舱室内的空气具有适宜的温度、湿度、纯度和速度,以改善船员和旅客的生活和工作条件以及货舱的运输条件。目前,除近代远洋船舶已普遍装设空调系统外,在新造的沿海和内河船舶上也都装设了这一系统。对于追求舒适以及奢华的游艇而言,空调系统是必备的。

船舶空调系统由空气调节器、冷热源系统、泄水管道、空气管道、布风器、自动控制设备组成。

一、空调系统的布置方式

按空调系统的布置方式可分为三类。

(1)集中空调系统　这种系统是将空调器设置在空调站内,利用送风管路将经过处理的空气分别送到各个舱室。有单风管和双风管系统之分。单风管是由接到空调舱室布风机器的一根送风管向舱室供风。这种系统比较简单。在货船上使用最多,但在调温调湿时,要靠改变风量进行,故有时不能保证舱室的新风供应量。双风管系统是空气调节器经两根送风管向空调舱室分别供应温度不同的两种空气。这种系统的空调器由两个处理部分组成,具有二次处理的能力。这种系统调节范围广且不影响新风供应量,故适应性较强,但要设两根风管,布置较为复杂。

(2)分组集中式空调系统　由于客船的客舱多,各类舱室的调节要求不同,因此通常把邻近的、调节要求相同的房间进行分组,用较多的空气调节器分组进行空气处理后,送至对应的舱室。

(3)独立空调系统　它是某个舱室的小型空调系统。独立式空调装置投资较大,管理分散,但可满足个别舱室的特殊要求,如电子计算机室、机舱集中控制室和集中空调不能满足的舱室均常采用。

二、空调系统的主要设备

1.空气调节器

空气调节器中装有通风机、过滤装置、空气冷却装置、加热装置、加湿装置等。这些设备的排列不尽相同,如图10-4所示。

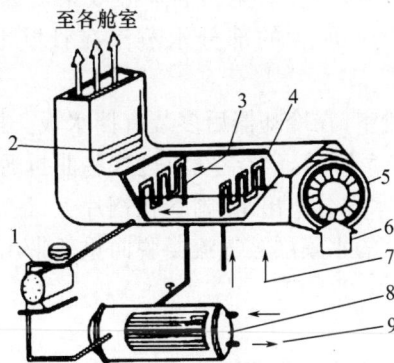

图10-4　空气调节器简图
1—压缩机;2—挡水板;3—冬季喷湿器;4—蒸汽加热装置;5—风机;
6—空气入口;7—蒸汽进口;8—冷凝器;9—冷却水出口

过滤器是由几块滤板组成的,它能能过滤杂质和尘埃。空气先经过金属丝或纤维网,再经过多孔材料,如粗孔泡沫塑料做成的滤板,或用涂有油脂的皱折钢皮构成的曲折路而将灰尘黏滞阻留。

为了减弱经风管传向风机的噪声,在风机出口处设有消声室。从风机吹出的气流,首先流经一段面逐渐扩大的喇叭口,当流入消声室时,由于断面突然扩大,使风速显著降低,因此可使气流的低频声得以衰减。此外,在空调器的内壁一般都贴有50 mm左右的泡沫塑料,以吸收中高频声波,这样就可使空调器的噪声降低至许可范围之内。

冬季使用时,空气需要经过加热和加湿器。加热器按照热源不同,可分为电热式、蒸汽或热水加热式等多种。集中式空调器多用压力为0.2~0.5 MPa蒸汽或60~100 ℃的热水为加热介质,并采用肋片型盘管式结构,以增强其加热效果。

加热介质进口处常设温度调节器,可根据空调器出口的热空气温度或回声温度来调节加热介质的流量。加热器中的冷凝水经过阻气器回收。

空气加湿器是增加空气湿度的设备。一般冬季外界空气的含湿量很低,进入空调器加热后,相对湿度甚至只有百分之几,相对湿度过低,使人感到干燥不适,为此必须经过空气加湿处理。

加湿器按热源和结构的不同,可分为蒸汽加湿、电热加湿器和电极加湿器等多种。

蒸汽加湿器是一根直径不大,约为15~18 mm的短管,在迎风面沿管长钻有1~2排直径约为1~2 mm的小孔,管内通入0.3~0.4 MPa的低压饱和水蒸气,向空气喷射而加湿,如图10-5所示。由于蒸汽加湿器结构简单,控制和管理方便,因此被广泛采用。

电热和电极加湿均是在水容器中加热器或电极,使水加热产生蒸汽,向空气中蒸发而加湿空气的。这两种方式耗电多,不经济,电极式也不够安全,故只有在蒸汽来源不便的中小型船上才使用。

在夏季,空气利用冷却器降温,并利用除水器除水。按制冷装置中制冷剂的吸热方式不同,冷却器可分为直接式和间接式两种。直接式是在制冷剂在蛇形盘管中直接膨胀而吸收管外流过空气的热量;间接式则是通过介质(多为淡水)被冷却后,流过冷却器使管外空气降温。冷却介质进入冷却器的温度一般不应低于-4 ℃,以免管壁结霜影响吸热,但也不应超过5~7 ℃,以免影响除湿效果。因为只有管壁温度低于被冷却空气的露点时,才能使空气中所含的部分水蒸气在管壁上凝结,使空气在冷却后含湿量降低。

为了不使凝水流入空调舱室,在冷却器后多装有挡水板。挡水板是由许多弯折成锯齿形状的箔钢片组成,如图10-5所示。当空气流过这些曲折通道时,由于气流方向不断改变,可将混杂在冷空气中的小水珠分离出来,附着在钢片上,最后向下流落至积水盘由泄水管流出。为防止附着在钢片上的水膜层被气流撕脱而重新带出,在钢片的末端常弯曲成挡水沟。

2. 布风器

布风器是指在舱室内部送来自空调器的空气使其与室内空气均匀混合的设备。它的形式很多,外形主要决定于使用要求、安装地点以及对舱室装饰的艺术要求等。

布风器按照其工作原理可分为直布式和诱导式两种,如图10-6所示。

直布式是将来自空调器的空气直接喷布舱室,只引起室内空气的一定流动。这种布风器多用于货舱或客船的住舱。在进风管出口处设有体积较大的小音箱,可减少噪音。

诱导式布风器又称为诱导器。图10-6(b)为壁式诱导器。它是利用一次风的高速喷

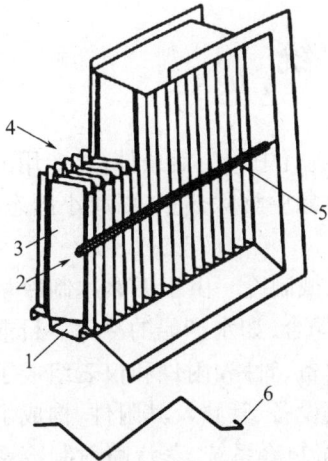

图 10 - 5　挡水板和加湿器

1—集水盘;2—蒸汽进口
3—挡水板;4—空气流入方向
5—加湿器;6—除水曲板挡水沟

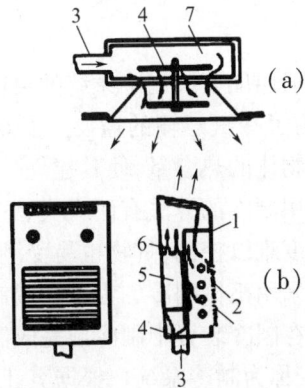

图 10 - 6　布风器

(a)直布式;(b)诱导式
1—旋钮;2—二次风入口;3—一次蜂乳口;
4—调节风门;5—静压箱;6—排喷嘴;7—消音箱

出 20~40 m/s,形成真空状态,因此卷吸很大一部分室内空气进入布风器(二次风)与一次风混合而成空气循环。

被卷吸进来的二次风与由风管供入布风器的一次风之比称为诱导器的诱导比,一般在1.5~3.0 之间。显然诱导比越大,从诱导器顶部格栅吹出的空气温度就越接近室内温度,也就越易保持室温的均匀分布。或者说,在保证室温均匀分布的条件下,诱导比大的,可以允许供入空气的温度与室温之间保持较大的温差,从而减少供风量,空调风机的排量和尺寸也都可以相应地减少。不过为了增加诱导比,必须提高风速,这就要求静压箱具有一定的风压,因此空调风机就要有较高的压头。

诱导器的缺点是噪音较大。诱导器中有时还装有电热器,可对二次风进行加热处理。供风管的作用是将空调器中加工完毕的空气送至各舱室的布风器。风管的尺寸和布置不仅应满足空调设计的要求,而且应与舱室的总体布置密切配合。风管尺度不宜太大,以免占去过多的舱室空间。

3. 供风管

船上的风管可分为低速风管和高速风管系统。低速风管系统是指主风管的风速在10~15 m/s 之间,分支管风速为 4~8 m/s 的风管系统。由于风速低,风管阻力小,所以风机所需的压头小、耗功小、噪音也小。但由于风速低,只能采用非诱导式布风器,供风量大,因而风管尺寸也大,布置困难。

高速风管系统是指主风管速度大于 15 m/s。这种风管风速高,风机耗功量增大,空气经过风机时,温度升高比低速风管系统要多,因此增加了夏季降温时制冷装置的热负荷,噪音也较大。但由于可采用诱导器而减少供风量,所以可使管道尺寸大大减少,目前所广泛采用。

第四节　制　冷　系　统

　　一般船舶安装制冷系统的目的就是储藏食物和改善航行中的生活条件;对专用的冷藏船,是为了冷藏运输的需要。所谓制冷,就是指从被冷对象中移除热量,以减小固态、液态和气态物体的热含量,使其建立一种相对的低温状态。

　　船用制冷的方法有两大类,一是天然冰制冷,二是机械制冷。由于天然冰制冷量和冷藏室温度难以控制,货物也易受潮,因此仅用于某些特殊场合,如水产船的冷库。目前大多数船均采用机械制冷。为了实现制冷的目的,全部机械设备、管路、附件和仪表组成了制冷装置。在制冷装置中制冷剂完成制冷循环所流经的机械、设备、管路及其附件,构成了完整的回路,称为制冷系统。根据其工作原理可分为空气压缩制冷系统、蒸汽喷射制冷系统两类。由于制冷剂的不同,主要有氨制冷系统和氟利昂制冷系统两类。现在应用最广泛的是压缩蒸发制冷系统,如图 10 - 7 所示。

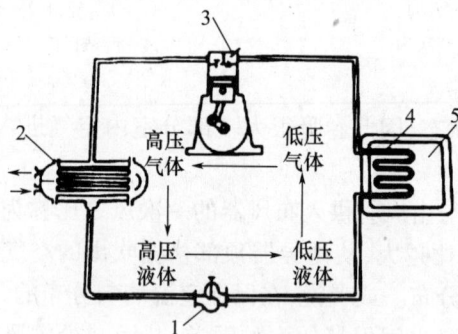

图 10 - 7　压缩蒸发制冷工作示意图
1—膨胀阀;2—冷凝器;3—压缩机;4—蒸发器;5—冷库

　　从图 10 - 7 可看出,压缩蒸发制冷系统的工作原理是按液态物体在蒸发汽化时,需要吸收大量的汽化热这一自然规律进行工作的。常用的氟利昂 12 是一种无色透明没有气味的制冷剂,它在一个标准大气压下的汽化温度有 -29.8 ℃。当它在节流阀的控制下进入冷库盘管时,使冷库温度相应降低,达到制冷的目的。

　　维持蒸发盘管中的低压是保证制冷的必要条件,由于制冷剂的不断流入和不断汽化,使蒸发压力随之增高,因此必须用压缩机及时将其抽出,一方面借以维持稳定的低压条件,另一方面使气态了的制冷剂压缩到较高的压力,以增高其饱和温度。这样就可为气态制冷剂创造在较高温度下对外放热的条件,以便实现冷凝,使温度较高的气态制冷剂重新液化,再经节流阀供入蒸发盘管中蒸发吸热,以形成一个封闭的不断再循环的制冷系统。

复习思考题

1. 什么是通风系统?
2. 通风方式是怎样分类的?

3.通风系统要满足哪些要求？

4.供暖系统有什么作用？

5.空调系统有什么作用？

6.空调系统有哪几种布置方式？

7.空调系统的主要设备有哪些？

8.制冷系统作用是什么,其工作原理是什么？

参 考 文 献

[1]刁玉峰.船舶设备与系统[M].哈尔滨:哈尔滨工程大学出版社,2006.

[2]毛平安.游艇建造规范与游艇安全技术及检验要求实用手册[M].哈尔滨:哈尔滨工程大学出版社,2007.

[3]金仲达.船舶概论[M].哈尔滨:哈尔滨工程大学出版社,2002.

[4]王肇庚.运输船舶设备与系统[M].北京:人民交通出版社,1999.

[5]朱珉虎.游艇概论[M].上海:上海交通大学出版社,2012.